Theodor Brauer

Mittelstandspolitik

Historisches Wirtschaftsarchiv

Theodor Brauer

Mittelstandspolitik

1. Auflage | ISBN: 978-3-86383-288-9

Erscheinungsort: Paderborn, Deutschland

Erscheinungsjahr: 2015

Historisches Wirtschaftsarchiv ist ein Imprint der Salzwasser Verlag GmbH, Paderborn.

Nachdruck des Originals von 1927.

GRUNDRISS

DER

SOZIALÖKONOMIK

BEARBEITET
VON

G. ALBRECHT, TH. BRAUER, G. BRIEFS, C. BRINKMANN, TH. BRINKMANN,
K. BÜCHER, J. ESSLEN, F. EULENBURG, E. GOTHEIN, FR. VON GOTTL-OTTLILIEN-
FELD, K. GRÜNBERG, F. GUTMANN, H. HAUSRATH, E. HEIMANN, H. HERKNER,
A. HETTNER, J. HIRSCH, H. HOENIGER, E. JAFFE, E. LEDERER, A. LEIST, FR. LEIT-
NER, W. LOTZ, J. MARSCHAK, H. MAUER, R. MICHELS, K. MILLER, P. MOLDENHAUER,
P. MOMBERT, G. NEUHAUS, H. NIPPERDEY, K. OLDENBERG, L. PESL, E. VON
PHILIPPOVICH, A. SALZ, K. SCHMIDT, G. VON SCHULZE-GAEVERNITZ, H. SCHU-
MACHER, J. SCHUMPETER, E. SCHWIEDLAND, H. SIEVEKING, W. SOMBART,
E. STEINITZER, O. SWART, TH. VOGELSTEIN, K. VON VÖLCKER, ADOLF WEBER,
ALFRED WEBER, MAX WEBER, E. WEGENER, M. R. WEYERMANN, K. WIEDENFELD.
FR. FREIHERRN VON WIESER, R. WILBRANDT, W. WITTICH,
W. WYGODZINSKI, O. VON ZWIEDINECK-SÜDENHORST

IX. ABTEILUNG

Das soziale System des Kapitalismus

II. Teil

Die autonome und staatliche
soziale Binnenpolitik im Kapitalismus

GRUNDRISS

DER

SOZIALÖKONOMIK

BEARBEITET

VON

G. ALBRECHT, TH. BRAUER, G. BRIEFS, C. BRINKMANN, TH. BRINKMANN,
K. BÜCHER, J. ESSLEN, F. EULENBURG, E. GOTHEIN, FR. VON GOTTL-OTTLILIEN-
FELD, K. GRÜNBERG, F. GUTMANN, H. HAUSRATH, E. HEIMANN, H. HERKNER,
A. HETTNER, J. HIRSCH, H. HOENIGER, E. JAFFE, E. LEDERER, A. LEIST, FR. LEIT-
NER, W. LOTZ, J. MARSCHAK, H. MAUER, R. MICHELS, K. MILLER, P. MOLDENHAUER,
P. MOMBERT, G. NEUHAUS, H. NIPPERDEY, K. OLDENBERG, L. PESL, E. VON
PHILIPPOVICH, A. SALZ, K. SCHMIDT, G. VON SCHULZE-GAEVERNITZ, H. SCHU-
MACHER, J. SCHUMPETER, E. SCHWIEDLAND, H. SIEVEKING, W. SOMBART,
E. STEINITZER, O. SWART, V. TOTOMIANZ, TH. VOGELSTEIN, K. VON VÖLCKER,
ADOLF WEBER, ALFRED WEBER, MAX WEBER, E. WEGENER, M. R. WEYERMANN,
K. WIEDENFELD, FR. FREIHERRN VON WIESER, R. WILBRANDT, W. WITTICH,
W. WYGODZINSKI, O. VON ZWIEDINECK-SÜDENHORST

IX. ABTEILUNG

Das soziale System des Kapitalismus

II. Teil

Die autonome und staatliche soziale Binnenpolitik
im Kapitalismus

GRUNDRISS

DER

SOZIALÖKONOMIK

IX. ABTEILUNG

Das soziale System des Kapitalismus

II. Teil

Die autonome und staatliche soziale Binnenpolitik im Kapitalismus

MIT BEITRÄGEN

VON

TH. BRAUER, E. LEDERER, J. MARSCHAK, K. SCHMIDT, O. SWART,
V. TOTOMIANZ, A. WEBER, R. WILBRANDT, W. WYGODZINSKI

Druck von H. Laupp jr in Tübingen.

Inhalt.

VII.

Mittelstandspolitik.

Von

Theodor Brauer.

Inhaltsübersicht.

Literatur.

Von den großen Lehrbüchern der Nationalökonomie wurden vorwiegend zu Rate gezogen: P e s c h , Lehrbuch der Nationalökonomie III. Bd. ([2]1926) und S c h m o l l e r , Grundriß der allgemeinen Volkswirtschaftslehre I (1908), II (1904). Daneben S o m b a r t , Der moderne Kapitalismus I, I[4] und II, 2[4] (1921). Außerdem sind berücksichtigt die einschlägigen Artikel (über Gewerbevereine, Handel, Handelspolitik, Handwerk, Innung, Mittelstandsbewegung, Zunftwesen usw.) im Handwörterbuch der Staatswissenschaften (möglichst in der Fassung der in Erscheinung begriffenen neuesten Aufl.) und im Wörterbuch der Volkswirtschaft. Zum Vergleich und zur Ergänzung heranzuziehen ist der Beitrag über Mittelstandsfragen von P e s l im G. d. S. IX, 1. An Spezialliteratur sei erwähnt: B ü c h e r , Beiträge zur Wirtschaftsgeschichte (1922). — B e y t h i e n , Der deutsche Kleinhandel im Lichte der neueren Zeit (1910). — E n g e l , Detaillistenfragen (1905). — F e u c h t w a n g e r , Die freien Berufe, im besonderen die Anwaltschaft. Versuch einer allgemeinen Kulturwirtschaftslehre (1922). — J ü n g e r , Katholischsozialistische Mittelstandsbewegung (1918). — L e d e r e r , Die sozialen Organisationen (1922). — L ü b b e r i n g , Berufsständische Gemeinschaftsarbeit im rheinisch-westfälischen Handwerk (1919). — D e r s., Selbstverwaltung des Handwerks im Volksstaate (1919). — D e r s., Der Kleinhandel nach dem Frieden (1919). — M e u r e r , Das deutsche Tischlergewerbe (1920). — M ü f f e l m a n n , Die moderne Mittelstandsbewegung. — R i e h l , Die bürgerliche Gesellschaft (1854). — S c h o p h a u s , Der organisierte handwerkliche und kaufmännische Mittelstand der Stadt Buer (1922). — S c h ü r h o l z , Entwicklungstendenzen im deutschen Wirtschaftsleben zu berufsständischer Organisation und ihre soziale Bedeutung (1922). — S t i e d a , Die Mittelstandsbewegung, in Conrads Jahrbüchern 1905, Heft 1. — W e r n i c k e , Kapitalismus und Mittelstandspolitik ([2]1922). — D e r s., Wandlungen und neue Interessenorganisationen im Detailhandel (1908). — W i r - m i n g h a u s , Wirtschaftliche Verhältnisse und Entwicklungstendenzen im Kleinhandel, in den Preuß. Jahrbüchern 1910, Bd. 141. — Teilweise benutzt wurde die reichhaltige Literatur, die als „Schriften der badischen Handwerkskammern" von dem organisierten badischen Handwerk veröffentlicht wurde und wird; ferner die einschlägige Zeitschriftenliteratur, soweit erreichbar; dann die Protokolle der Internationalen Mittelstandskongresse, das Reichsarbeitsblatt, und endlich die Schriften des Vereins für Sozialpolitik, soweit sie irgendwie die Erörterung befruchten konnten, namentlich die Protokolle der Verhandlungen vom Jahre 1899 und vom Jahre 1922.

1. Begriffliches.

Der Mittelstand ist mit o b j e k t i v e n Kriterien allein nicht zu fassen, namentlich nicht mit solchen, die ausschließlich aus der W i r t s c h a f t herrühren. In dem Ausdruck „Mittelstand" zieht vielmehr das Wort „S t a n d" durchweg zugleich ein s u b j e k t i v e s Bekenntnis oder aber einen g e s e l l s c h a f t l i c h e n Anspruch nach sich, was besonders bei Besprechung der Mittelstands p o l i t i k nicht außer Betracht bleiben darf. Das objektiv und subjektiv Gesellschaftliche tritt in dem Maße mehr hervor als gewisse wirtschaftliche Merkmale durch die Entwicklung etwas in den Hintergrund gerückt werden. Veranlassung dazu bietet schon das Aufkommen des sogenannten n e u e n Mittelstandes, wozu besonders die Privatbeamten mit einer gewissen Vorbildung und höherem Einkommen gerechnet werden. Von stärker einschneidender Wirkung aber ist die mit dem Weltkriege und nach demselben eingetretene Einkommens- und Besitzverschiebung, welche die frühere „Mittelstellung" der sich zum Mittelstand rechnenden Schichten in w i r t s c h a f t l i c h e r Hinsicht großenteils erschüttert und ihre hergebrachte Lebenshaltung vielfach in Frage gestellt hat. Jedenfalls ist in einer Zeit, in der sich wirkliche oder vermeintliche Staatsinteressen der Aufrechterhaltung der Ruhe unter den M a s s e n durch begünstigende Einflußnahme auf deren Lohn- und Gehaltsbedürfnisse besonders dienstbar machen, manche „mittleren" Existenzen dagegen ihr Einkommen wesentlich unter die von diesen behauptete Grenze gedrückt sehen, mit dem Kennzeichen eines „mittleren Einkommens" wenig anzufangen. Sieht man sodann von den bäuerlichen Verhältnissen ab, so kann ebensowenig der „Besitz" als principium divisionis funktionieren in einer Zeit, wo in so ungeheurem Umfange ererbter oder erworbener Besitz den Ernährungssorgen geopfert werden mußte, zumal solange die spekulative die produktive Leistung verdrängte, wo sodann der Besitz als solcher in nie gekanntem Maße mobilisiert und unaufhörlich umgewertet oder entwertet wurde und die Rechtswirksamkeit der Gemeinschaft fast nur noch rein formalistisch auftrat, nicht aber im soziologischen Sinne eines Ausgleichs. So schwindet jener Begriff des Mittelstandes dahin, von dem S o m b a r t spöttisch bemerkt, man wolle damit alle diejenigen Einwohner eines Landes zu einer Einheit zusammenfassen, die „gleich weit entfernt von den Extremen" ein geruhsames Leben führen: „wohltemperiert, nicht zu warm, nicht zu kalt, nicht zu hoch, nicht zu niedrig, nicht zu reich, nicht zu arm; gemäßigt in Begierden, Gefühlen, Ansichten, Strebungen". In den Mittelpunkt rückt nunmehr mit viel größerer Wucht ein anderes kennzeichnendes Moment, dasjenige der S e l b s t ä n d i g k e i t. Während S c h m o l l e r, ausgehend von den Verhältnissen der Vorkriegszeit, zum Mittelstand alle diejenigen zählt, welche ein eigenes Geschäft oder eine sichere Anstellung, einen Grundbesitz bis zu 50 ha, ein Einkommen von 2700—8000 Mk., ein Vermögen bis zu 100 000 Mk. besitzen, hat P e s c h, dem schon die Verhältnisse der Nachkriegszeit vor Augen standen, gerade das Moment der Selbständigkeit als wirtschaftliche und soziale Kategorie mehr oder weniger ausschließlich in den Vordergrund gerückt. Er unterscheidet innerhalb der drei großen Produktivstände, Landwirtschaft, Gewerbe und Handel, je eine obere, mittlere und untere Schicht. Der Mittelstand (im alten Sinne) ist nach ihm die mittlere Schicht der verschiedenen Produktivstände zu einer Einheit verbunden, wodurch alle durch eigene Betriebe wirtschaftlich selbständigen oder auf dem Wege zur Selbständigkeit befindlichen Glieder jener mittleren Schichten umfaßt werden. Dieser Mittelstand unterscheidet sich nach oben von dem Großgrundbesitz, der Großindustrie, dem Großhandel, nach unten von den dauernd gegen Lohn oder Gehalt beschäftigten Personen. Der heutige Mittelstand im eigentlichen Sinne umfaßt nach P e s c h die produktiven Mittelklassen selbständiger Vertreter der mittel- und kleinbetrieblichen Wirtschaftsstruktur, die Bauern, Handwerker, Detaillisten.

Wenn man an einer Trennung von altem und neuem Mittelstand festhält, was im Hinblick auf die soziologische Klarheit berechtigt ist, so wird man kaum ein anderes Kriterium von gleicher Unterscheidungskraft ausfindig machen können als dasjenige der Selbständigkeit. Nur ist mit der Mittelschicht in Landwirtschaft, Gewerbe und Handel der Begriff des (alten) Mittelstandes nicht erschöpft. Wohl wird man jene Mittelschicht als das Rückgrat des Mittelstandes bezeichnen dürfen. Als fernerer Bestandteil dieses gewerblichen Mittelstandes treten jedoch immer bestimmter auf die Haus- und Grundbesitzer. Wichtiger aber ist ohne Zweifel eine gewisse Verstärkung der Front des Mittelstandes durch das immer stärker ausgesprochene „mittelständische" Wollen und Vorgehen von Angehörigen freier Berufe, wie der Aerzte, Rechtsanwälte, Schriftsteller, Künstler usw. Auch diese Schichten sind als selbständige Wirtschaftsexistenzen anzusprechen, deren Existenzgrundlage in mancher Hinsicht ähnlichen Entwickelungen unterliegt wie jene der gewerblichen Mittelstandsschichten, wenn sich auch ihre Tätigkeit als eine vorwiegend

geistige wesentlich von derjenigen der letzteren Schichten unterscheidet. Es war
sonst vielfach üblich, die gebildete „Oberschicht" zusammen mit einigen anderen
Schichten als „Bourgeoisie" besonders herauszuheben, um alsdann den Bereich
des Mittelstandes auf die Schichten zwischen dieser Bourgeoisie und der Masse der
Lohnarbeiter zu beschränken. In neuerer Zeit wird jedoch als Bourgeoisie meist
nur noch die Klasse der Großunternehmer in Industrie und Handel sowie der Großgrundbesitz angesprochen. Als einigendes Band zwischen dem gewerblich und dem
vorwiegend geistig tätigen Mittelstand ist anzusehen einmal, daß sie sich in mancher
Hinsicht in ähnlicher Stellung dem „Konsumenten" gegenüber befinden und sodann,
daß die Erhaltung ihrer Selbständigkeit als ein Gebot der Kultur in der hergebrach-
ten Auffassung des Wortes proklamiert wird. Daß bei all dem manche Unklarheit
und Verschwommenheit unterläuft, soll nicht verschwiegen werden. Bewußt oder
unbewußt schwebt den Vertretern eines so sich zusammenschließenden Mittelstandes eine Anschauung von diesem Stande vor, wie sie etwa W. H. R i e h l ver-
trat, indem er den Mittelstand als den M i t t e l p u n k t bezeichnete, „darin alle
Radien des gesellschaftlichen Lebens zusammenlaufen". Auf d a s V e r m i t t e l n d e
u n d V e r s ö h n e n d e kommt es ihm vor allem bei diesem Stande an, den er
eben wegen der in ihm vermittelten Gegensätze (wie zwischen dem Kleingewerbe
und jener höchsten Geistesarbeit der wissenschaftlichen und der künstlerischen
Beschäftigung) den „Mittel"stand nennt und der ihm der „Mikrokosmus unserer
g e g e n w ä r t i g e n Gesellschaft" ist. In der Betonung ihrer zentralen Bedeutung
für die gegenwärtige, d. i. die „bürgerliche" Gesellschaft schlingt sich zweifellos
auch heute ein geistiges Band um die verschiedenen Schichten, die auf die Zuge-
hörigkeit zum alten Mittelstand Anspruch erheben. Die bäuerliche Mittelschicht
steht in der Hauptsache außerhalb dieser Beziehungen; da sie auch sonst ihr ganz
eigen geartete Interessen hat, kann sie bei einer Betrachtung des Mittelstandes,
die sich auf die vorerwähnten allgemeinen Kriterien stützt, ausscheiden.

Im folgenden gelten daher als Mittelstand d i e s e l b s t ä n d i g e n H a n d-
w e r k e r und D e t a i l l i s t e n, d i e H a u s- u n d G r u n d b e s i t z e r
s o w i e i m a l l g e m e i n e n d i e f r e i e n B e r u f e, wie die Aerzte, Rechtsanwälte, Schriftsteller, Künstler usw.

Unter „M i t t e l s t a n d s p o l i t i k" sind alle die Maßnahmen zu verstehen,
die sich die Wahrnehmung der besonderen Interessen der genannten Schichten
als eine auf Gemeinschaftszwecke gerichtete schöpferische Tat zum Ziele setzen,
sei es nun, daß diese Maßnahmen von öffentlichen Körperschaften aus ergriffen
werden, sei es, daß sie auf dem Wege der Selbstverwaltung durch geschlossene Verbände der Beteiligten selber erfolgen. A l s Z i e l d e r M i t t e l s t a n d s p o l i t i k
k a n n g a n z a l l g e m e i n d i e E r h a l t u n g v i e l e r s e l b s t ä n d i g e r
E x i s t e n z e n b e i i h r e r „N a h r u n g" a n g e s p r o c h e n w e r d e n.

2. Stadtwirtschaftliche Mittelstandspolitik.

Von einer Politik der Erhaltung selbständiger Existenzen in Gewerbe und Handel
kann natürlich im Altertum mit seinen Begriffen von Unfreiheit der gewerblichen
Arbeit nicht die Rede sein. Mittelstandspolitik taucht daher zuerst unter den Verhältnissen der mittelalterlichen Stadtwirtschaft auf, deren Kern das selbständige
Handwerk bildet. Die Mittelstandspolitik der Stadtwirtschaft ist durch das organische
Ineinandergreifen der Wirtschaftspolitik der Städte und der wirtschaftlichen Betätigung der Zünfte gekennzeichnet. Ihre gemeinsame Grundlage ist das B e d a r f s-
d e c k u n g s p r i n z i p im Sinn, wie es in der Literatur einerseits durch S o m-
b a r t, andererseits durch P e s c h umschrieben worden ist. Die Städte sind bemüht, den städtischen Bürgern ihren Nahrungsspielraum zu sichern. Diese Sorge
kommt zumeist dem H a n d w e r k, als dem eigentlichen Repräsentanten des
Mittelstandes, zugute. Wohlfahrt der Handwerker und Wohlfahrt der Stadt wurde
in umfassender Weise gleichgesetzt. Das bleibt bestehen trotz all der zum Teil

beträchtlichen Ausnahmen von der handwerksmäßigen Form des Gewerbebetriebes, die im Laufe der Zeit für das Mittelalter festgestellt worden sind. Das Handwerk verlieh, wie sich Sombart ausdrückt, der Gesamtstruktur des gewerblichen Lebens ihr eigentümliches Gepräge. Das Handwerk war nicht nur die vorherrschende, sondern die fast ausschließlich herrschende Wirtschaftsform. Und darum ist die Wirtschaftspolitik der mittelalterlichen Städte überwiegend, wenn nicht fast ausschließlich, Handwerkspolitik oder in unserem Sinne Mittelstandspolitik. Die Stadt sorgt durch ihre Abschließungspolitik für Erhaltung und Kräftigung des einheimischen Handwerks. Alles mögliche wird unternommen, um auf einen steten Ausgleich zwischen Angebot und Nachfrage hinzuwirken. Der Wettbewerb wird in das Innere der Gewerbe hineingedrängt; auswärtiger Wettbewerb wird nur soweit zugelassen, als er dem einheimischen Gewerbe nützlich zu sein verspricht. Durch tiefgreifende Maßnahmen wirkt die Stadt auf die Gesunderhaltung des heimischen Gewerbes ein, insbesondere durch eine lückenlose Beaufsichtigung des ganzen Verkehrs. Mit größter Beflissenheit wird darauf geachtet, daß Leistung und Gegenleistung einander entsprechen. Die aus dem christlichen Glaubensbekenntnis abgeleitete Anschauung von dem, was „standesgemäß" ist, drängt Ausartungen aller Art wirksam zurück. Vor allem kommen hier, neben der Festsetzung der Höchstzahl der Gesellen und Lehrlinge, die ein Meister beschäftigen darf, die Maßnahmen zur Sicherung des justum pretium und zur Beschränkung des Gewinnes auf ein billiges Maß in Betracht. Die gewerblichen Produzenten sollten zum Besten der gesamten Bürgerschaft ihres „Amtes" walten. Denn nicht als unbeschränkte individuelle Befugnis wurde das Recht zur Ausübung des Gewerbebetriebes aufgefaßt, sondern als ein Recht, dessen Ausübung an bestimmte Bedingungen und Voraussetzungen geknüpft war. Die wesentlichste Voraussetzung aber war der Zunftzwang. Die Zunft war „der unter Sanktion der städtischen Obrigkeit errichtete Zwangsverband, dessen Mitgliedschaft die Voraussetzung für die Ausübung eines bestimmten Gewerbes innerhalb der Gemeinde bildete". Die Zünfte hatten „durch genossenschaftliche Selbstkontrolle, Selbstpolizei und Selbstbeschränkung" das Interesse des konsumierenden Publikums zu wahren. Dafür gewährleistete die zünftige Gewerbegesetzgebung dem einzelnen Meister seine wirtschaftliche Existenz, wenn er persönlich „ehrenfest", ein „Biedermann" und „unbesprochen" nach Herkunft und Leben war, seine ausreichende Befähigung als Lehrling und Geselle erwiesen hatte und seiner Zunft, seiner besonderen Berufsgruppe angehörte. Mit sorgsamster, später vielfach pedantischer Berufsteilung ging eine peinlich genaue Abgrenzung der Produktions- und Absatzgebiete Hand in Hand, die jedem seinen unüberschreitbaren Wirkungskreis anwies, ihn aber zugleich aller Vorteile irgendwelcher Art teilhaftig machte, die dem einen oder anderen durch günstige Gelegenheit, etwa im Ankauf größerer Mengen von Rohmaterial, zugefallen, damit „der Reiche den Armen nicht verderbe", sondern „jeder bei seiner Lebensnahrung erhalten werde". Aus demselben Grunde war aller Zwischenhandel, den kein besonderes Bedürfnis legitimierte, ausgeschaltet, vielmehr für die innerhalb des Stadtgebietes erzeugten Waren der unmittelbare Austausch zwischen Produzenten und Konsumenten soweit wie möglich gesichert.

Die Durchführung dieser Mittelstandspolitik war dadurch erleichtert und nach Möglichkeit verbürgt, daß die Verwaltung der Städte in weitestem Umfange Selbstverwaltung, daher das Handwerk durch seine Korporationen unmittelbar daran beteiligt war. Dem Zweck der Materialversorgung diente eine komplizierte Wochenmarkts- und Vorkaufsgesetzgebung, die Schmoller als ein raffiniertes System bezeichnet, Angebot und Nachfrage zwischen dem kaufenden Städter und verkaufenden Landmann so zu gestalten, daß der erstere in möglichst günstiger, der letztere in möglichst ungünstiger Position beim Konkurrenzkampf sich befinde. Von den städtischen Preistaxen sagt derselbe Verfasser, sie seien teilweise nur Waffen gegen die Getreide-, Wild- und Gemüsehändler vom Lande gewesen und hätten, ebenso wie auch die Verbote des Landhandwerks, des Landhandels und die Einschränkung des Hausierhandels, einseitig städtischen Interessen gedient. All dem steht jedoch die Tatsache der Erhebung der Städte zu wichtigen Absatzgebieten für die Landwirtschaft gegenüber, wodurch nicht selten bedeutsame Kultureinflüsse auf das Land ausgeübt wurden, wenn auch die Kämpfe um Marktrecht und Marktzwang bewiesen, daß sich die Landwirte recht oft benachteiligt fühlten. Drückender noch wirkte die Abschließung der zünftlerischen Stadtpolitik für alle jene Gewerbetreibenden, die außerhalb der zünftigen Organisation standen und als „Bönhasen" mehr oder weniger vogelfrei waren.

Insgesamt wirkte jedenfalls die stadtwirtschaftliche Mittelstandspolitik in der Blütezeit des Mittelalters in außerordentlich hohem Maße kulturfördernd. Hatte sie auch Privilegien im Gefolge, so beruhten doch diese Privilegien auf einer besonderen Qualifikation und riefen deshalb keine wirtschaftliche, soziale und kulturelle Sterilität hervor. Heute ist, im Gegenteil, die kulturfördernde Wirkung wenigstens insofern allgemein anerkannt, als mit dem Zunftwesen die „Veredlung des mittelalterlichen Handwerks zur Kunst" (G i e r k e) in unmittelbaren Zusammenhang gebracht wird, der wir eine in dieser Art nicht mehr erreichte Blüte des Volkslebens zu verdanken haben. Von vielleicht noch größerer Kulturbedeutung aber war das Walten und Wirken des g e n o s s e n s c h a f t l i c h e n G e i s t e s , der erst diese Blüte ermöglicht hat. Die Arbeitsgemeinschaft der Zünfte gestaltete sich unter diesem Einflusse zur Lebensgemeinschaft aus, auf die denn auch der ganze innere Organismus der Zünfte von dem Augenblicke an, wo die den jungen Zunftgenossen als Lehrling erfaßten, eingestellt war. In ihr pflanzte sich der Familiencharakter fort, der der einzelnen Produktionseinheit zugrunde lag: die Familie samt Geselle und Lehrling war Produktions- und Haushaltungseinheit. Sämtliche Personengruppen waren Organe im Dienste eines gemeinsamen Ganzen (S o m b a r t). Soweit überhaupt der Geist gemeinsamer Verantwortung, unter Zurückdrängung der Selbstsucht, durch Institutionen ausgedrückt und gefördert werden kann und nicht aus tieferen Quellen fließt, war in der Zunft der Blütezeit Vorsorge getroffen. Auch die neuesten Untersuchungen, die dem Egoismus bei manchen Maßnahmen der stadtwirtschaftlichen Mittelstandspolitik eine größere Rolle zuweisen, können doch diese allgemeine Feststellung nicht erschüttern. Es ist S o m b a r t durchaus zuzustimmen, daß, trotz der gerade von ihm stark betonten stacheligen Abschließungspolitik der mittelalterlichen Stadt gegenüber allem, was „draußen vor den Toren" lag, die Idee der Gemeinschaft die Zentralsonne war, von der alles, was in der mittelalterlichen Stadt geschah, das Leben erhielt, „weil sie als tatkräftige Idee die Seelen der Einwohner und gewiß derer erfüllte, die bestimmend in die Gestaltung des städtischen Wesens eingriffen". Es empfand sich eine große Anzahl von Menschen als eine organische Einheit, fühlten sich viele als Glieder einer Familie, weil das Bewußtsein der Zusammengehörigkeit so stark war, daß es alle auflösenden, zersetzenden Mächte im Innern überwand und alle zu gemeinsamem Handeln, zu geschlossenem Auftreten gegen die Außenwelt hinführte.

War denn nun der andere Zweig, der mit dem Handwerk das Rückgrat des Mittelstandes bildet, der H a n d e l , von der „Mittelstandspolitik" der mittelalterlichen Stadtwirtschaft ausgenommen? Keineswegs. Vielmehr gilt, was für das Handwerk dargetan wurde, großenteils und in besonderer Art auch für diesen Handel, soweit ein Bedürfnis für seine Existenz anerkannt wurde und es sich auch hier um die Mittelschicht handelte. Letzteres trifft aber fast allgemein zu, denn nach den Nachweisungen B e l o w s hat es bis ins 16. Jahrhundert hinein einen „Engroshandel" nicht gegeben, sondern alle Importeure und Exporteure „detaillierten", d. h. sie waren „K r ä m e r o d e r G e w a n d s c h n e i d e r". Die Krämer sind kleine Kaufleute, Detaillisten, die einen sogenannten Kram, d. h. ein undifferenziertes Warenlager besaßen und unter anderem auch den Handel mit Spezereien besorgten, während sich die Gewandschneider mit dem Tuchhandel beschäftigten.

Die innere Struktur des Handels entsprach, nach den im wesentlichen nicht erschütterten Untersuchungen S o m b a r t s , derjenigen des Handwerks. Der Handel war „der ebenbürtige und verträgliche Bruder" des handwerksmäßigen Gewerbes, so daß also die Mittelstandspolitik jener Zeit beiden in ihrer besonderen Art zugute kam. Vom eigentlichen Handel konnte, nach den ganzen Verhältnissen der damaligen Zeit (Verkehrstechnik), selbst in den Handelsmetropolen nur ein kleiner Teil der Bevölkerung leben. Soweit tunlich, wurde der Handel mit Marktprivilegien ausgestattet, welche Vergünstigungen sich dann nicht selten an die Bedingung der Seßhaftigkeit knüpften. Die ganze Einstellung der Zeit auf das Interesse des Konsumenten engte übrigens den Spielraum für die Betätigung des Händlers stark ein. Das gilt insbesondere für den Handel mit Lebensmitteln. Es war nicht nur durchweg jeder Lieferungshandel mit solchen verboten, sondern meist auch der Einkauf zum Zwecke des Wiederverkaufs. Vielfach errichtete die Stadt Getreidespeicher, um selber die Versorgung sicherzustellen. Darüber hinaus besorgte der Handwerker, wenigstens in den früheren Zeiten, im großen und ganzen selber, sei es einzeln, sei es genossenschaftlich, den Einkauf von Materialien und den Verkauf der fertigen Erzeugnisse. Auch der Handwerker zog an bestimmten Tagen mit seinen Erzeugnissen auf den Marktplatz. Der Ausdruck „Zunft" wird von einigen Schriftstellern geradezu auf das, bestimmten Handwerkern eingeräumte Recht zurückgeführt, ihre Güter an bestimmter Stelle feilbieten zu dürfen. Ein Marktbesuch der Handwerker in der Ferne steht namentlich für die Weber fest, von den sogenannten Hausierhandwerken (Keßler, Kaltschmiede) ganz zu schweigen. Erst in dem Maße, wie sich der Verkehr ausdehnt und vor allem internationales Gepräge anzunehmen beginnt, schwingt sich der Handel zu größerer Bedeutung empor. Dennoch fügt sich der Händler wie der Handwerker in das feste Gefüge des gesamten Wirtschaftslebens als der Handwerker des Warenabsatzes (S o m b a r t) ein. Die Idee der Nahrung, des standesgemäßen Unterhalts, beseelt auch den mittelalterlichen Händler. Gewinnstreben im modernen Sinne liegt ihm genau so fern wie dem Handwerker. Wie dieser hat auch der Händler als technischer Arbeiter nicht selten ein Meisterstück zu machen. Vor allem aber stehen sich die mittelalterlichen Händler und die mittelalterlichen Handwerker innerlich und äußerlich so nahe wie möglich durch das beide umfassende Korporationswesen. Die Zunft umschließt beide oft so eng, daß zwischen den beiderseitigen Zünften eine strenge Scheidung gar nicht besteht. So daß also auch der Händler oder Krämer in analoger Weise wie der Handwerker von der ständischen Schutzpolitik der mittelalterlichen Stadt wie der Zunft erfaßt und betreut wurde. Einer besonderen Darlegung bedarf es da nicht.

3. Neuzeitliche Mittelstandspolitik.

Die Mittelstandspolitik der mittelalterlichen Stadt ist nur verständlich und war nur haltbar auf der besonderen geistigen (seelischen) und wirtschaftspolitischen Grundlage, wie sie eben, einmalig in der Geschichte, das Mittelalter bot. Mit dem Schwinden der Grundlage und in dem Maße dieses Schwindens schwand auch sie. Ein Prozeß, der sich hier schneller, dort langsamer vollzog, im ganzen jedenfalls Jahrhunderte in Anspruch nahm. Während noch d e r m e r k a n t i l i s t i s c h e S t a a t die von der mittelalterlichen Stadt überkommene Haltung zum bürgerlichen Mittelstand zu bewahren suchte, was er, ohne sein sonstiges Ziel aus dem Auge zu lassen, durchzuführen hoffte, indem er in bezug auf Privilegien- und Rechteerteilung sich als Staat einfach an die Stelle der „Stadt" setzte, wobei er aber durch seine zentralisierenden Maßnahmen die ständische Autonomie, den Kern der früheren Mittelstandspolitik, zerstörte, erstickten die Träger dieser Autonomie, die Zünfte, selber ihre geistige Lebenskraft durch immer stärkere Veräußerlichung ihrer Wirksamkeit. Die Einzelheiten dieses qualvollen Entwickelungsprozesses gehören nicht hierher. Es muß die Gesamtfeststellung genügen, daß das vom Individualismus und von einem kurzsichtigen Egoismus zerfressene bisherige mittelständische Wesen, weil ihm seine mittelalterliche Seele verloren gegangen, in sich zerfallen m u ß t e , auch wenn es sich nicht so offenkundig der Entwickelung entgegengestellt hätte, und daß auch keine Handwerker- und Mittelstandspolitik des Polizeistaates (vgl. namentlich die kurfürstlich-brandenburgischen und späteren preußischen Bemühungen) es hätten retten können, selbst wenn nicht der merkantilistische Polizeistaat im Interesse seiner Geld- und Steuerpolitik seiner Natur nach schließlich dem aufkommenden Kapitalismus in die Arme gedrängt worden wäre. Die deutschrechtliche Organisation der Arbeit schien dem Leben nicht mehr gewachsen zu sein. Als daher die französische Revolution durch Gesetz vom 2.—17. März 1791 mit dem Polizeistaat die Reste der ständischen Organisationen und, als einen nur noch kümmerlichen Bestandteil derselben, die mittelständischen Korporationen zertrümmerte, erschien das den fortgeschrittenen Geistern auch in Deutschland als eine nachahmenswerte erlösende Tat. „Zünftlerisch" war gleichbedeutend geworden mit veraltet, verknöchert, engherzig, fortschrittsfeindlich. Auf den Vertretern des Mittelstandes, soweit dieselben vor allem in den Schichten des kleinen Bürgertums zu suchen sind, liegt ein Gefühl der Lähmung. G o e t h e zwar sprach mit einer gewissen Idealisierung von der „Mittelschicht": „Vornehmlich sind zur Mittelschicht zu rechnen die Bewohner kleiner Städte, deren Deutschland so viele wohlgelegene, wohlbestellte zählt, alle Beamten und Unterbeamten, Handwerksleute, Fabrikanten, vorzüglich Frauen und Töchter solcher Familien, auch Landgeistliche, insofern sie Erzieher sind. Diese Personen sämtlich, die sich zwar in beschränkten, aber doch wohlhäbigen, auch ein sittliches Behagen fördernden Verhältnissen befinden . . ." In der sozialen Literatur dagegen erscheint gerade das kleine Bürgertum als der Herd einer Rückständigkeit, die in vollstem Gegensatz steht zu der kraftvollen Art, die seinen Hauptvertreter, das Handwerk, im Mittelalter ausgezeichnet hatte. Der aufkommende Sozialismus gar schüttet die übervolle Schale seines Hohnes und Zornes über den „moralisch empörten" Handwerksmeister aus, der sich als durch die Gewerbefreiheit ruiniert hinstelle, über seine Krähwinkelei, wogegen ein andermal seine borniere Selbstzufriedenheit daran glauben muß. Lange Zeit jedenfalls kann von einer aktiven Mittelstandspolitik d e r B e t e i l i g t e n s e l b e r keine Rede sein. Soweit nicht überhaupt untätiges Dahinvegetieren ihr einziges Verhalten ist, ergäben sie sich der dumpfen Klage über das ihnen zugefügte Unrecht. Infolgedessen konnte es natürlich auch zu keiner eigentlichen Mittelstandspolitik von seiten der ö f f e n t l i c h e n K ö r p e r s c h a f t e n kommen. Wenn die Klagen in Zeiten allgemeiner Verarmung überlaut werden, bemühen sich die Regierungen, die Mißstände in einzelnen Punkten abzustellen. Es fehlt aber jedes s c h ö p f e r i s c h e Moment. Dieser Charakter bleibt der Mittelstandspolitik bis in eine Zeit erhalten, die dem Weltkriege schon ziemlich nahe liegt. Sehr spät erst ist teilweise ein Umschwung erfolgt. Dieser läßt sich am besten an der Hand einer gesonderten Betrachtung der Entwickelung der einzelnen Gruppen, die man dem „alten" Mittelstand zuzurechnen pflegt, dartun, indem man dabei den durch den Weltkrieg bewirkten Einschnitt besonders berücksichtigt.

A. Das Handwerk.

a) Die Vorkriegszeit.

Zur Zeit der deutschen Revolution des Jahres 1848 sieht es einen Augenblick aus, als ob es dem Handwerk gelingen würde, die Regierungen zu einer Abkehr von der Gewerbefreiheit und zur Rückkehr zur Zunftverfassung, damit also zu einer teilweisen Rückbesinnung auf die Mittelstandspolitik vergangener Zeiten zu bestimmen. Die einschlägigen Bestrebungen sind aber selbstverständlich zur Unfruchtbarkeit verurteilt, weil sich Politik, zumindest schöpferische Politik, nicht als Hemmschuh gegen eine Entwickelung gebrauchen läßt, die Elemente von völliger

W e s e n s verschiedenheit, im Vergleich zu den künstlich wieder herzustellenden antiquierten Zuständen, mit natürlicher Gewalt freisetzte. Auch die Wirtschafts- und Sozialpolitik ist an die Voraussetzungen solcher Entwickelung gebunden. Neuzeitliche Mittelstandspolitik kann daher erst dann mit Aussicht auf Erfolg eingeleitet werden, nachdem die mittelständischen Schichten sich in die Bedingungen der neuzeitlichen Entwickelung zu finden begonnen. Für d a s H a n d w e r k ergab sich daraus vor allem die Verpflichtung zur Anerkennung der Tatsache, daß sich die eigentlichen Gebilde der hochkapitalistischen Epoche nicht gewaltsam in eine handwerksmäßige Struktur hineinpressen lassen, wie das lange Zeit (und zum Teil bis heute noch) von Vertretern der Handwerkerschaft verlangt wurde. Der mehr negativen Einstellung des Kampfes gegen das Neue mußte zunächst die positive der Hinwendung zu den b e s o n d e r s g e a r t e t e n A u f g a b e n folgen, die und wie sie nunmehr dem Handwerk verblieben waren und neu erwuchsen. Diese positive Haltung bedurfte sodann für ihren Erfolg der Anpassung an die neuen Auffassungen vom Staatszweck und von der sozialen Politik, für die die Gesellschaftsklassen nicht bloß O b j e k t , sondern zugleich auch S u b j e k t sind. Fast das ganze 19. Jahrhundert ist darüber vergangen, ehe das Handwerk für solche Erkenntnis einigermaßen erzogen war und anfangen konnte, hauptsächlich aus eigener Kraft seine Stellung gegenüber dem riesenhaften Anschwellen der kapitalistischen Großunternehmungen zu behaupten, wie auch gesellschaftlich wieder zu Ansehen zu kommen. Weil eine solche Einstellung noch in den Anfängen stand, mußte das Experiment mit den f r e i e n I n n u n g e n , die nach der Gewerbeordnung von 1869 zugelassen wurden, notwendigerweise mißlingen: Diese Innungen wurden vielfach ein Tummelplatz kleinlichsten Kampfes, weswegen die Mitgliedschaft dauernd wechselte, und sodann des ohnmächtigen Sturmlaufs gegen den Großbetrieb, den man durchaus der eigenen kleinen Schablone einzwängen wollte. Es kam auch ferner zu keiner irgendwie bedeutsamen Ausnutzung der sozialen S e l b s t h i l f e , wie sie im Zuge der Zeit lag und seit dem Jahre 1851 durch S c h u l z e - D e l i t z s c h in einem immer umfassenderen Genossenschaftswesen organisiert worden war. M ü f- f e l m a n n bezifferte selbst noch für das Jahr 1913 den Verhältnissatz der genossenschaftlich organisierten Handwerker erst auf 2—3%. Dabei hatten insbesondere die Kreditgenossenschaften in Preußen durch die Unterstützung der 1895 gegründeten „Preußischen Zentralgenossenschaftskasse" seit langem eine keineswegs widerstrebende Staatshilfe zur Seite, die in den meisten übrigen deutschen Ländern ihr Gegenstück findet. Immerhin reichte die Benutzung der Kreditgenossenschaft noch weit hinaus über diejenige der Rohstoffgenossenschaft (gemeinsamer Einkauf von Rohmaterial), der Maschinengenossenschaft (Versorgung von Maschinen entweder an den einzelnen Handwerker zu seinem ausschließlichen Gebrauch oder an eine größere Anzahl von Handwerkern zu gemeinsamem turnusmäßigen Gebrauch) und der Magazingenossenschaft (gemeinsamer Verkauf der Handwerkserzeugnisse in eigenen Läden). Der hervorstechende Zug im Verhalten des Handwerkers war und blieb, daß sich sein Blick wie hypnotisiert auf die H i l f e v o n o b e n richtete.

Dieser Blickrichtung kam von sich aus die große Wendung der B i s m a r c k - schen Politik zu Ende der 70er Jahre entgegen. B i s m a r c k rang sich nach vielen Kämpfen zu dem Entschluß durch, der von ihm eingeleiteten Umwälzung der Zoll- und Handelspolitik eine Sozialpolitik als idealistische Ergänzung an die Seite zu stellen, innerhalb deren auch eine eigene Mittelstandspolitik Raum haben sollte. Diese Politik segelte unter der Gesamtlosung des S c h u t z e s d e r n a t i o n a l e n A r b e i t . Grundsätzlich war sie dem Mittelstand insofern besonders günstig, als B i s m a r c k nicht bloß an die Errichtung eines s t ä n d i s c h g e g l i e d e r t e n V o l k s w i r t s c h a f t s r a t e s dachte, ein Gedanke, der ihm die Arbeit an der Reorganisation des Handwerks nachweislich sehr nahe brachte, sondern als er überhaupt dem Staat einen ständischen Einschlag zu geben beabsichtigte und zwar ausgesprochenermaßen auf der Grundlage einer c h r i s t l i c h e n Staatsauffassung. Die neue Einstellung B i s m a r c k s und der von ihm geleiteten Politik hat nun gewiß nicht zu einer völligen Reorganisation des Handwerks geführt und zwar hauptsächlich deswegen nicht, weil der objektiv politischen Tat nicht eine geschlossene subjektive Bewegung des Handwerks wie des Mittelstandes überhaupt entgegenkam. Es fehlte an einer hinreichend machtvollen Standesbewegung des Handwerks, die hätte bewirken können, daß der dem Handwerk gebotene neue Rahmen alsbald mit einem lebenswarmen, mächtig ausgreifenden Inhalt ausgefüllt wurde. Aber ein Rahmen wurde eben doch zur Verfügung gestellt. Zunächst durch das Gesetz vom 18. Juni 1881, das die Gründung neuer Innungen begünstigte. Blieb auch die f a k u l t a t i v e Grundlage beibehalten, so wurden diese Innungen doch zu ö f f e n t l i c h - r e c h t l i c h e n K o r p o r a t i o n e n erklärt: in mancher Hinsicht traten sie an die Stelle der Gemeindebehörden und sie erhielten das Recht, ihre Wirksamkeit auf andere, den Innungsmitgliedern gemeinsame gewerbliche Interessen, als die im Gesetz bezeichneten, auszudehnen, insbesondere das Ausbildungs- und soziale Unterstützungswesen neu zu ordnen, Gemeinschaftsorgane für die verschiedenen örtlichen Innungen in dem Innungsausschuß zu bilden und darüber hinaus auch interlokal zu Innungsverbänden zur Regelung gemeinsamer Angelegenheiten (Errichtung von Kranken- und Sterbekassen, Regelung des Herbergswesens, des Arbeitsnachweises, der Wanderunterstützungen, des Lehrlingswesens, Eröffnung von Schiedsgerichten usw.) zusammenzutreten. Weitere Gesetze vom 1. Juli 1883, 8. Dezember 1884, 26. April 1886, 6. Juli 1887 bauten diese Rechte aus. Vor allem das letztere Gesetz ermächtigte bewährte Innungen, auch Nichtinnungsmitglieder zu den Kosten für Herbergswesen, Arbeitsnachweis, Fachausbildung und Schiedsgerichte heranzuziehen.

Den Forderungen der Handwerker — und darin kommt der Mangel an eigener schöpferischer Initiative zu klarem Ausdruck — genügte indes auch diese Politik noch nicht: ihr Ziel war die korporative Organisation auf ausgesprochener Z w a n g s- g r u n d l a g e. Eine starke Annäherung an diese Forderung bedeutete das Gesetz vom 26. Juli 1897, das mit seinen korporativen Bestrebungen über die i n n e r e Entwickelung, welche das Handwerk bis dahin erreicht hatte, weit hinausgriff und eine b e r u f s s t ä n d i s c h e G e w e r b e p o l i t i k schon zu einer Zeit vorwegnahm, wo es an den sonstigen Unterlagen dafür noch fast völlig fehlte. Auf Mehrheitsbeschluß der beteiligten Handwerker hin kann die Oberverwaltungsbehörde anordnen, daß innerhalb eines bestimmten Bezirks sämtliche Handwerker (mit „handwerksmäßigem" Betriebe) der gleichen oder verwandter Gewerbe einer neu zu errichtenden Innung angehören müssen. Diese f a k u l t a t i v e n Z w a n g s- i n n u n g e n haben wesentlich dieselben Aufgaben wie die freien Innungen; doch ist Vorsorge getroffen, den Zwang, den etwa die Innungen ausüben könnten, nicht ausarten zu lassen. Darum kann zum Beispiel der Charakter der Innung als Zwangs-innung wieder aufgehoben werden, wenn ³/₄ der Mitglieder es verlangen. Erhebliche Bedeutung erlangte der § 100 q der Gewerbeordnung, namentlich in der Zeit, da der Kampf zwischen Arbeitgeber- und Arbeitnehmerverbänden eine scharfe Zuspitzung erfuhr und sich die Innungen vielfach als Arbeitgeberverbände oder in deren Interesse zu gebärden suchten, jener Paragraph, der es den Innungen verbietet, ihre Mitglieder in der Festsetzung der Preise ihrer Waren oder Leistungen oder in der Annahme von Kunden zu beschränken. Neu eingeführt wurden Innungs-inspektoren als Beauftragte der Innungen zur Kontrolle über die Einrichtung der Betriebsräume sowie der Unterkunftsräume für Lehrlinge usw. Die Bestimmungen über Innungsausschüsse und Innungsverbände wurden weiter ausgestaltet. Dem ständischen Gedanken im Sinne der früheren Zunft trägt insbesondere die Bestimmung über die obligatorische Einführung von Gesellenausschüssen im Anschluß an die Innung Rechnung; aber gerade in diesem Punkte wurde das Verfrühte mancher Seite der Neuregelung offenkundig, insofern nämlich, als die Gesellenausschüsse, zur Mitwirkung bei der Regelung des Lehrlingswesens, bei der Gesellenprüfung, bei der Begründung und Verwaltung aller, die Gesellen irgendwie belastenden oder zu ihrer Unterstützung bestimmten Einrichtungen berufen, fast völlig versagten, weil die Gesellen sich von der gemeinsamen Betätigung mit den Innungen ab- und der Gewerkschaft zukehrten. Als Krönung der mit dem Gesetz vom Jahre 1897 erstrebten Organisation des Handwerks dienten d i e H a n d w e r k s k a m m e r n. Die Handwerkskammern sind offizielle, mit öffentlich-rechtlichem und behördenartigem Charakter ausgestattete Interessenvertretungen für größere Bezirke. Die Errichtung erfolgt durch eine Verfügung der Landeszentralbehörde. Die Mitglieder werden von den Handwerkern des Bezirks gewählt. Die Kammer hat 1. den Charakter eines Beirats von Sachverständigen für die Regierung, einer Vertretung der Handwerkerinteressen auch der Oeffentlichkeit gegenüber. Sodann sollen die Handwerkskammern 2. als Selbstverwaltungsorgane die gesetzlichen Bestimmungen, welche noch einer Ergänzung durch Einzelvorschriften bedürftig und fähig sind, für ihren Bezirk weiter ausbauen, die Durchführung derselben regeln und, soweit erforderlich, durch besondere Beauftragte überwachen, schließlich solche auf die Förderung des Handwerks abzielenden Veranstaltungen treffen, zu deren Begründung und Unterhaltung die Kräfte der lokalen Organisationen nicht ausreichen (§§ 103 bis 103 q der GO.). Bei der Handwerkskammer ist ebenfalls ein Gesellenausschuß zu bilden (§ 103 i der GO.). Derselbe muß mitwirken beim Erlaß von Vorschriften über das Lehrlingswesen, bei Abgabe von Gutachten und Berichten über Angelegenheiten, welche die Verhältnisse der Gesellen und Lehrlinge betreffen, bei der Entscheidung über Beanstandungen von Beschlüssen der Prüfungsausschüsse (§ 103 k der GO.).

Die Handwerkskammern traten im Jahre 1900 auf landesherrliche Verordnung hin in Tätigkeit. Gleichzeitig wurde in den drei Hansastädten und in Sachsen den dort bestehenden Gewerbekammern die Funktion der Handwerkskammern übertragen.

Bei den Ministerien für Handel und Gewerbe verschiedener Staaten (z. B. Württemberg, Hessen, Preußen, Baden) errichtete Zentralstellen (Landesgewerbeämter) zur Beobachtung der gewerblichen Entwickelung, Erteilung von Vorschlägen, Anregungen und Auskünften vervollständigten die Gesamtorganisation des Handwerks.

Für die Wirkungen dieser Politik im einzelnen muß auf Spezialartikel über Innungen usw. verwiesen werden. Ein Gesamturteil über die Wirkungen der neuen Handwerkerpolitik wird immer wieder zu dem Schlusse gedrängt werden, daß das Handwerk selber auf lange Zeit hinaus noch der inneren Kraft ermangelte, um diese Politik in vollem Umfange zur Auswirkung zu bringen. Die objektive Entwickelung des Handwerks war überdies noch nicht weit genug gediehen, um gewissermaßen der Anpassung an eine solche Art reglementierender Politik stillzuhalten. Die kapitalistische Wirtschaftsordnung trieb immer neue Blüten, wodurch das Handwerk in seinem Bestande und in seiner Struktur unaufhörlich Aenderungen unterworfen blieb. Das Verhältnis zwischen Meistern und Gesellen durchlief erst noch die verschiedensten Stadien, ehe man überhaupt soweit kam, von Gemeinschaftsaufgaben, die theoretisch vorgesehen waren, reden zu können. Erst als der Tarifvertrag mehr oder weniger in das Gewerbe eingebaut war und die allmählich aufkommenden Arbeitsgemeinschaften (sie entstanden schon vor dem Kriege, hauptsächlich im Holz- und Malergewerbe, während das Buchdruckgewerbe in seiner Tarifgemeinschaft schon vorher in eine ähnliche Richtung strebte) die gemeinsamen Interessen von Unternehmern und Arbeitern zu regeln begannen, war der geistige Boden vorbereitet für einen korporativen Aufbau, wie ihn die Handwerkerpolitik vorweg genommen hatte. Damit aber waren ähnliche Institutionen auf mancherlei Gebieten an die Stelle getreten, die man gesetzlich den Innungen vorbehalten wollte und zwar mit einem, das Kleingewerbe nicht selten stark überschreitenden Rahmen. Diese Entwickelung hat dann allerdings zugleich auch das Handwerk selber in seinen

Trägern aufgerüttelt, und es setzte sich die Einsicht immer mehr durch, daß eine Mittelstandspolitik nur Sinn hat, soweit der Mittelstand selber, in diesem Falle also der gewerbliche, sich zu ihrem kraftvollen Träger und Ausgestalter macht. Zur vollen Auswirkung gekommen ist diese Erkenntnis freilich erst durch den Krieg und mehr noch nach dem Kriege: nunmehr tritt uns ein gewerblicher Mittelstand von ganz anderem Schnitt und erheblich veränderter Einstellung zum Leben entgegen. Daß dem so ist, beruht nicht auf den Wirkungen des Krieges und der Revolution allein, sondern man wird nicht fehl gehen, wenn man die Handwerkerpolitik der Vorkriegszeit wenigstens in manchen Punkten als einen Wegebereiter anspricht. Und zwar gilt dies namentlich insoweit, als sie den zielbewußten Vertretern des Handwerks die Möglichkeit bot, durch Herausbildung der Eigenart des Handwerks dessen Stellung neben der Fabrik zu behaupten und zu befestigen. Das Mittel dazu war die Förderung der technischen Leistungsfähigkeit unter der Losung der Qualitätsarbeit.

Zunächst jedoch trat auch hier wieder der Mangel an Selbstbewußtsein zutage, indem jammernd alles Heil von der Gesetzgebung gefordert wurde: es handelt sich um die schier endlosen Rufe nach dem B e f ä h i g u n g s n a c h w e i s. Die Auseinandersetzungen darüber ziehen sich fast durch das ganze vorige Jahrhundert hin und erheben sich nach der Jahrhundertwende nochmals zu besonderer Heftigkeit. Der Befähigungsnachweis ist in unmittelbare Verbindung mit der Lehrlingsausbildung gebracht und in diesem Zusammenhange hat er teilweise als sogenannter k l e i n e r B e f ä h i g u n g s n a c h w e i s gesetzliche Festlegung gefunden. Während früher nur die Annahme einer, zum Umfang und zur Art des Gewerbebetriebes in keinem richtigen Verhältnis stehenden Anzahl von Lehrlingen verboten und vom Lehrmeister verlangt wurde, daß er 24 Jahre alt und im Besitze der bürgerlichen Ehrenrechte sei, die vorgeschriebene Lehrzeit zurückgelegt und die Gesellenprüfung bestanden habe, behält die Novelle zur Gewerbeordnung vom 30. Mai 1908 die Befugnis zur Anleitung von Lehrlingen in Handwerksbetrieben denjenigen Personen vor, die das 24. Lebensjahr vollendet und eine Meisterprüfung abgelegt haben. Haben solche Personen die Meisterprüfung nicht für dasjenige Gewerbe oder denjenigen Zweig des Gewerbes bestanden, worin die Anleitung der Lehrlinge erfolgen soll, so haben sie die Befugnis dann, wenn sie in dem betreffenden Gewerbe oder Gewerbezweige entweder die Lehrzeit und die Gesellenprüfung bestanden oder 5 Jahre hindurch persönlich das Handwerk selbständig ausgeübt haben oder während einer gleich langen Zeit als Werkmeister oder in ähnlicher Stellung tätig gewesen sind. Die weitergehende Forderung nach dem sogenannten a l l g e m e i n e n Befähigungsnachweis, der die Erlaubnis zur selbständigen Führung eines Geschäfts ganz allgemein von der Meisterprüfung abhängig machen würde, ist später von der Mehrzahl der Handwerker selber, und zwar vielfach unter dem Einfluß der Belehrung durch die Handwerkskammern, als undurchführbar aufgegeben worden. Außer der Forderung nach dem Befähigungsnachweis spielt sodann diejenige nach dem Ausbau des F o r t b i l d u n g s s c h u l u n t e r r i c h t s eine große Rolle, und auch in diesem Punkte ist die Gesetzgebung schon vor dem Kriege dem Handwerk weitgehend entgegengekommen. Letzteres gilt ebenfalls für die Errichtung von G e w e r b e f ö r d e r u n g s a n s t a l t e n, die, unter Mitwirkung des Staates, in fast allen Bezirken des Landes von öffentlichen Körperschaften errichtet worden sind.

Zum Teil freilich betätigte sich das Handwerk doch auch schon i n f r e i e r I n i t i a t i v e auf dem Gebiete der gewerblichen Ausbildung. Dies gilt namentlich in dem Maße, als das Handwerk, neben den gesetzlichen Organisationen, aus sich heraus f r e i e V e r e i n i g u n g e n erzeugt hat, was in erster Linie in Verbindung mit den Handwerkskammern und zur Unterstützung derselben geschehen ist. Als solche freien Verbindungen des Handwerks sind d i e G e w e r b e v e r e i n e anzusprechen: freie Vereinigungen von Gewerbetreibenden zur Förderung des Gewerbestandes eines Ortes oder Bezirks, die sich insofern von den Innungen unterscheiden, als letztere die Gewerbetreibenden eines einzigen Gewerbezweiges oder verwandter Gewerbezweige umfassen, während die Gewerbevereine Sammelorganisationen sind. Seit dem Jahre 1891/92 sind die Gewerbevereine zum Verband deutscher Gewerbevereine und Handwerkervereinigungen zusammengeschlossen, während die später gegründeten Handwerkskammern im Deutschen Handwerks- und Gewerbekammertag vereinigt sind, dessen Aufgabe Austausch von Erfahrungen, Regelung der Verhältnisse nach gemeinsamen Gesichtspunkten, Streben nach Einheitlichkeit bei der gutachtlichen Tätigkeit gegenüber den Behörden und bei der Beeinflussung der Gesetzgebung ist. Ihre hauptsächlichste Verbreitung haben die Gewerbevereine in Süddeutschland, während Preußen 1908, bei 8000 Innungen (Gesamtzahl für Deutschland 11 311), nur 161 Gewerbevereine (Gesamtzahl in Deutschland 1415) zählte. Der freie Gewerbeverein ist ein gewerblicher Mittelstandsverein, dem es auf technische, kaufmännische und künstlerische Förderung des Mittelstandes ganz allgemein, namentlich aber des Handwerks, das etwa ⅔ seiner Mitglieder stellt, ankommt. An der Tätigkeit und den Bestrebungen der Gewerbevereine beteiligten sich, vor allem in Süddeutschland, von jeher auch Fabrikanten und vornehmlich Ingenieure wie Gewerbepolitiker mit offenem Blick für die aus der gewerblichen Umwälzung sich ergebenden Bedürfnisse. Das schließliche Ergebnis ist gewesen, daß aus diesem Zusammenwirken den einseitigen zünftlerischen Tendenzen des Handwerks nahezu während des ganzen vorigen Jahrhunderts — einzelne Gewerbevereine in Süd- und Westdeutschland datieren fast bis in die Zeit der Einführung der Gewerbefreiheit zurück — wirksam entgegengearbeitet und wenigstens einem größeren Teile von Handwerkern der Sinn für die Forderungen der neuen Zeit und der neuen Verhältnisse erschlossen werden konnte. Die Gewerbevereine suchten die Mittelstandspolitik viel mehr auf der Grundlage des Bildungswesens als auf derjenigen der Organisation aufzubauen. So sind sie zu weitgehenden Vorschlägen für die Schulung des Nachwuchses, aber auch für die Weiterbildung der angehenden und bereits selbständigen Träger des Handwerks gekommen. Staat und Gemeinde wurden von den Gewerbevereinen in geschickter und nachhaltiger Weise zur Unterstützung solcher Bestrebungen durch finanzielle Beihilfen zu Lehrkursen, durch Errichtung von Gewerbeförderungsschulen, Abhaltung von Ausstellungen usw. veranlaßt. Wo der Boden günstig, nahmen sich die Gewerbevereine auch sonstiger Aufgaben, wie des Arbeitsnachweises, des Unterstützungswesens usw., an. Mit der Inaussichtnahme der Gründung von Handwerkskammern wurden die Gewerbevereine zu deren Unterbau ausersehen. Als dann die Handwerkskammern tatsächlich gegründet waren, wurden sie vielfach von dem Geiste der Gewerbevereine durchtränkt. Jedenfalls ist aus diesem Zusammenwirken die reine Abwehrpolitik des handwerklichen Mittelstandes, wenn auch nur ganz allmählich, zurückgedrängt und durch eine positive Politik der Gewerbeförderung ersetzt worden. Allmählich! Denn unter dem Druck der I n n u n g s b ü n d e ertönte eine bestimmte Anzahl von Kampfparolen immer aufs neue wieder. So diejenige der Aufhebung des bereits oben erwähnten § 100 q der Gewerbeordnung, der das Verbot der Ringbildung und Preisregelung innerhalb der Innungen ausspricht, und zwar mit Recht, da hier vom Staate eine Unterstützung bei der Festsetzung und Durchführung von Mindestpreisen verlangt wird. Dann diejenige der Abstellung der Begünstigung von Werkstätten des Staates und der Gemeinden (Militärwerkstätten, Gefängnisarbeit); ferner die Forderung des Kampfes gegen den Bauschwindel und unlautere Manipulationen gewissenloser Bauinteressenten, der das Gesetz über die S i c h e r u n g d e r B a u f o r d e r u n g e n Rechnung zu tragen versucht hat. Dazu gesellt sich alsdann das Verlangen nach einer Regelung des Verdingungswesens, die den Interessen und den Existenznotwendigkeiten des Handwerks entgegenzukommen hätte. Nicht zuletzt aber drängen vor allem die Innungsbünde den Gedanken des I n n u n g s z w a n g e s (anstatt der bloßen Zwangsinnung) und des allgemeinen Befähigungsnachweises immer erneut in den Vordergrund, obschon die Mehrheit der Handwerkskammern zusammen mit den Gewerbevereinen sich niemals auf den Boden dieser Forderung stellen dürften, zumal nachdem feststeht, daß sich der Befähigungsnachweis im Baugewerbe nicht bewährt hat. Die Innungs- und Handwerkerbünde (1883 wurde der „Allgemeine Deutsche Handwerkerbund", der die unbedingten Anhänger der Zwangsinnung und des Befähigungsnachweises umfaßt, gegründet, etwas später der „Zentralausschuß vereinigter Innungsver- bände", dem es zunächst auf einen Ausbau der Innungen ankam; außerdem be- stehen in den verschiedensten Landesteilen noch besondere, für die betreffenden Gebiete berechnete Handwerkerbünde) sind ausschließlich wirtschaftspolitisch tätig und haben (wenigstens vor dem Kriege) mit heftigen Klagen über die Not des Handwerkerstandes fort und fort die Zunftfahne entrollt. Verschiedentlich ist von dieser Seite aus ein scharfer Druck auf die politischen Parteien ausgeübt worden, und der Zentralausschuß vereinigter Innungsverbände griff durch einen eigenen Aufruf unmittelbar in den Reichstagswahlkampf des Jahres 1912 ein, indem er die handwerkerfreundlichen Kandidaten zu unterstützen und die Wahl von Sachverständigen aus den Reihen der Handwerker zu betreiben forderte.

Eine ganz eigene Stellung nimmt der R h e i n i s c h - w e s t f ä l i s c h e T i s c h l e r i n n u n g s v e r b a n d, unter der Leitung von K ü k e l h a u s - Essen, ein. Doch empfiehlt es sich, da seine Wirksamkeit durch den Krieg und mehr noch nachher eine für das gesamte Handwerk allgemeine Bedeutung erlangt hat, die Behandlung desselben einstweilen noch zurückzustellen.

b) D i e K r i e g s - u n d N a c h k r i e g s z e i t.

Als Mittelstandspolitik, die besonders auch dem Handwerk zugute kam, ist die Wiedereinführung der D a r l e h n s k a s s e n durch Gesetz vom 4. August 1914 anzusprechen. Deren Gründung erfolgte in allen Orten mit Reichsbankstellen. Sie sollten vor allem den kleineren und mittleren Betrieben bei der Kreditver- leihung zugute kommen, indem sie leicht umsatzfähige Werte (Wertpapiere, Roh- stoffe, Stapelwaren mit festen Marktpreisen) beliehen.

Während des Krieges hatte im übrigen namentlich das kleinere Handwerk einen schweren Stand, weil durch die Einziehung des Betriebsleiters in sehr vielen Fällen die Existenzfähigkeit der betreffenden Betriebe gefährdet wurde oder ganz dahin schwand. In anderen Fällen suchten sich die Inhaber eine neue Existenz durch Eintritt als Arbeiter in größere Betriebe mit Kriegsaufträgen. Mancher früher selbständige Handwerker hat den Weg von da nicht zurückgefunden, ist somit für den Mittelstand verloren gegangen. Inwieweit das zutrifft, läßt sich, bei dem Mangel jeder eingehenderen Statistik, einstweilen noch nicht erfassen. Für das seinen Betrieb fortsetzende Handwerk bedeutet der Krieg und die Nachkriegs- zeit mit ihrer Z w a n g s w i r t s c h a f t eine starke Triebkraft zum berufs- ständischen Zusammenschluß und zur Verlebendigung der Selbsthilfebestrebungen. Während des Krieges wiederholte sich immer häufiger die Uebernahme der Aus- führung von Kriegsaufträgen durch lose oder aber mehr oder weniger geschlossene Verbindungen von Handwerkern nicht nur desselben Berufes, sondern auch ver- wandter Berufe. D a s H i n d e n b u r g p r o g r a m m hat in dieser Hinsicht besonders stark eingewirkt. Die Zwangswirtschaft des Krieges und der Nachkriegs- zeit beschleunigte den Zusammenschluß der Gewerbe der Lebensmittelversorgung zu Abwehrzwecken und zur Durchsetzung einer gemeinsamen Preispolitik. Das gesamte Handwerk kommt auf solche Weise gleichsam in Fluß. Die Organisa- tions- und Kampfbestrebungen erhalten neue Schwungkraft. War die Bedeutung der vom Zentralausschuß deutscher Innungsverbände veranstalteten Deutschen Innungs- und Handwerkertage immer mehr gegenüber den regelmäßigen Tagungen der Handwerkskammern zurückgegangen, so kam es auf dem Handwerks- und Gewerbekammertage in Hannover 1919 zu einer Vereinigung der Handwerker-

bünde mit den Handwerkskammern im „R e i c h s v e r b a n d   d e s   D e u t -
s c h e n   H a n d w e r k s", dessen Verwaltung mit derjenigen des deutschen
Handwerks- und Gewerbekammertages verbunden ist. Diesem Reichsverbande
gehören, neben dem Deutschen Handwerks- und Gewerbekammertage, die Reichs-
innungsverbände und Fachverbände des Handwerks, der Verband deutscher Gewerbevereine und Handwerkervereinigungen sowie die großen genossenschaftlichen Verbände des Handwerks und des Gewerbes, seit dem Jahre 1920 auch die
sogenannten Handwerkerbünde an. Damit ist ein lückenloser Zusammenschluß
erreicht. An A u f g a b e n sieht der Reichsverband satzungsgemäß vor:

1. Sicherstellung des Handwerks und seiner beruflichen und wirtschaftlichen
Organisationen in der deutschen Wirtschaftsverfassung.

2. Wahrung der gemeinsamen Interessen des Handwerks, insbesondere An-
bahnung einheitlicher Durchführung der das Handwerk betreffenden Gesetze und
Verordnungen, Vertretung der Bedürfnisse und Wünsche des Handwerks und Herbeiführung ihrer Anerkennung durch das Reich und die Länder.

3. Förderung und Ausbau der fachlichen Organisation des deutschen Handwerks in Reichs-, Landes-, Bezirksverbänden und örtlichen Vereinigungen sowie
ihrer Selbstverwaltung.

4. Stärkung des fachlichen Unterbaues der deutschen Handwerks- und Gewerbekammern und Herbeiführung eines Ausgleichs zwischen den Arbeitsgebieten
der Fachverbände und der Handwerks- und Gewerbekammern und der Handwerkerbünde.

5. Herbeiführung einer Gemeinschaftsarbeit mit den Arbeitnehmern des Handwerks.

6. Pflege und Förderung der genossenschaftlichen Organisation im deutschen
Handwerk.

Seine Organe sind:

1. Die Vollversammlung,
2. Der Ausschuß,
3. Der Vorstand,
4. Der Geschäftsführer.

Der Reichsverband hat gemeinsam mit dem Kammertag eine Reihe von selbständigen Sonderausschüssen eingesetzt; außerdem werden im Bedarfsfalle außer-
ordentliche Kommissionen gebildet.

Außer der Gründungsversammlung 1919 in Hannover hat der Reichsverband
u. a. Vollversammlungen abgehalten in Jena, Bayreuth und Erfurt. Für seine
Veröffentlichungen bedient er sich des „Deutschen Handwerksblattes".

Der gemeinsamen Geschäftsstelle des Kammertages und Reichsverbandes
angegliedert ist das Wirtschaftswissenschaftliche Institut für Handwerkerpolitik.
Das Institut läßt drei Veröffentlichungsreihen erscheinen und zwar:

1. Zeit- und Streitfragen des deutschen Handwerks,
2. Archiv für Handwerkswirtschaft,
3. Die Arbeiterfrage im deutschen Handwerk.

Der Reichsverband des deutschen Handwerks ist als Spitzenvertretung des deutschen Handwerks allgemein anerkannt. Er wurde Mitglied der Zentralarbeitsgemein-
schaft der industriellen und gewerblichen Arbeitgeber und Arbeitnehmer Deutschlands sowie des Zentralausschusses der Unternehmerverbände und benannte die
16 Vertreter des selbständigen Handwerks im Vorläufigen Reichswirtschaftsrat.
Der Reichsverband hat das Schwergewicht seiner Arbeit auf die Frage der beruflichen Neuorganisation des Handwerks gelegt und im Jahre 1921 den Entwurf eines
Reichsmengengesetzes über die Berufsvertretung des Handwerks und Gewerbes
veröffentlicht. Dieser Entwurf bildet seitdem die Grundlage für die Verhandlungen
mit der Reichsregierung, insbesondere dem zuständigen Reichswirtschaftsministerium, und sollte noch im Jahre 1923 den gesetzgebenden Körperschaften zugehen [1]).

Der Grundgedanke des Entwurfs ist der der fachlichen Gliederung von der
untersten Stufe („Innung" oder „Fachverband") bis zur obersten Stufe („Reichsverband"), und zwar nach dem Grundsatze der Pflichtzugehörigkeit. Der berufs-

---

[1]) Der am 7. 12. 1924 gewählte Reichstag hatte schon am Tage seines Zusammentritts
einen Antrag vor sich, „den in Vorbereitung befindlichen Gesetzentwurf, betreffend die Berufs-
organisation des Handwerks, mit möglichster Beschleunigung dem Reichstage vorzulegen."
Am 22. 1. 1926 hat dann der Reichstag erneut die Vorlegung einer Reichshandwerksordnung
gefordert.

ständischen Zusammenfassung entspricht die horizontale Gliederung durch Zusammenschluß der einzelnen Handwerksberufe innerhalb bestimmter Verwal-
tungsgebiete in gemeinschaftlichen Berufsvertretungen, den Handwerks- und
Gewerbekammern [1]).

Der Entwurf wird zur Zeit im Reichswirtschaftsministerium bearbeitet. Einen
wesentlichen Einfluß auf die Gestaltung des geplanten Berufsgesetzes wird die
Durchführung des Artikels 165 der Reichsverfassung haben, der die Schaffung
von B e z i r k s w i r t s c h a f t s r ä t e n vorsieht. Es wird vor allem darauf ankommen, ob den Bezirkswirtschaftsräten ein besonderer Unterbau gegeben wird,
oder ob die bestehenden Berufskammern als Unterbau für die Bezirkswirtschaftsräte benützt und zu diesem Zwecke anders zusammengesetzt werden.

Das Handwerk will hier auf dem Wege der Gesetzgebung sich eine Organisation
schaffen, die andere Berufsstände mit anderen Mitteln zu erreichen in der Lage
sind.

Der Reichsverband hat es im großen und ganzen vermocht, auf der Grundlage
der Gewerbefreiheit, der anscheinend auch die Handwerkerbünde jetzt nicht mehr
widerstreben, die Handwerkerschaft von der bloßen Kritik ab- und einer mehr
positiven Einstellung zuzuwenden und eine Berufsstandspolitik zu formulieren,
die zwar das Problem „Fabrik und Handwerk" noch nicht löst, in der Hauptsache aber dem Handwerk eine feste Stellung beim wirtschaftlichen, wirtschaftspolitischen und sozialen Aufbau sichert. Eine Wiedergabe der vom Reichsverband im Jahre 1920 aufgestellten Forderungen führt am besten in die heutige
Anschauungsweise des Handwerks ein:

1. Anerkennung des Handwerks als selbständiger Beruf und seine Einordnung
und Erhaltung in der neuen Wirtschaft gemäß den Beschlüssen der Preußischen
Landesversammlung vom 8. VII. [2]).

2. Anerkennung des Reichsverbandes des deutschen Handwerks als rechtmäßige
Vertretung des Handwerks; Prüfung und Begutachtung neuer Gesetze und Verordnungen, die das Handwerk berühren, durch den Reichsverband und Heran-
ziehung des letzteren bzw. seiner Untergruppen zur Mitwirkung bei der Durchführung derselben.

3. Errichtung einer besonderen Abteilung für das Handwerk im Ministerium
für Handel und Gewerbe unter Leitung eines sachverständigen Staatssekretärs.

4. Ablehnung jeder Sozialisierung und Kommunalisierung des selbständigen
Handwerks; Beseitigung der Uebernahme und Ausführung von Handwerksarbeiten
durch staatliche und gemeindliche Regiebetriebe.

5. Weitestgehende Beteiligung des Handwerks, insbesondere seiner Genossenschaften an öffentlichen Arbeiten und Lieferungen; Neuprüfung der geltenden Bestimmungen für die Vergebungen und sorgfältige Ueberwachung der Durchführung
derselben bis in die untersten Verwaltungsstellen. Einwirkung auf die Selbstver-
waltungskörper in der gleichen Richtung.

6. Förderung des gewerblichen Genossenschaftswesens durch vermehrte Bereitstellung von Mitteln zur planmäßigen Pflege der Einzelgenossenschaften, Veran-
staltung von Kursen usw., Stärkung der Kreditgenossenschaften durch zeitgemäße
Mitwirkung der preußischen Zentralgenossenschaftskasse; Vermeidung jeder Bevorzugung der produktiven Genossenschaften der Arbeitnehmer und ihrer Unterstützung aus öffentlichen Mitteln.

7. Gerechte Verteilung der Steuerlasten in Staat und Gemeinde; Ablehnung
jeder weiteren einseitigen steuerlichen Belastung von Handwerk und Gewerbe.

---

[1]) Von anderer Seite — die Zahl der insgesamt aufgestellten Entwürfe beträgt rund ein
Dutzend! — wird die Zwangsorganisation lediglich für die als Unterbau in Frage kommenden
örtlichen Fachinnungen und für die Kammern verlangt, während die Fachverbände fakul-
tativen Charakter tragen sollen.

[2]) Diese Beschlüsse lauten unter anderm:
In den Entwurf der neuen preußischen Verfassung ist die Bestimmung aufzunehmen:
Der kaufmännische und gewerbliche Mittelstand ist lebenskräftig zu erhalten und insbesondere
gegen Aufsaugung zu schützen.
Ohne das deutsche Handwerk ist ein Wiederaufbau der deutschen Wirtschaft nicht möglich. Unter allen Umständen muß daher die Regelung der künftigen Wirtschaft die Lebensfähigkeit des Handwerks erhalten und sichern.

8. Weiterführung und Ausbau der bestehenden Gewerbeförderungseinrich-
tungen, insbesondere weitere Maßnahmen zur Erziehung und Bildung des gewerblichen Nachwuchses, Förderung der Lehrlingsheime; großzügige Pflege des Fort-
bildungs- und Fachschulwesens und Sicherung eines ausreichenden Einflusses des
Handwerks auf dessen Ausgestaltung.

9. Angemessene Vertretung des Handwerks im Abgeordnetenhause, in den
Provinziallandtagen, den Kreistagen und Gemeindeverwaltungskörpern.

Forderung 3 wurde im Jahre 1925 dadurch erfüllt, daß dem Handwerk zwar
nicht ein besonderes Staatssekretariat eingeräumt, jedoch eine Reichskommission
für das Handwerk und den gewerblichen Mittelstand im Reichswirtschaftsministerium unter Angliederung eines Sachverständigenausschusses von 7 Mitgliedern
geschaffen wurde.

Auch in der Praxis ist das Handwerk nunmehr entschlossen zur Anpassung
an die neue Lage übergegangen, namentlich durch zweckmäßige Benutzung der
neuzeitlichen T e c h n i k. Besondere Bedeutung kommt in diesem Zusammenhange dem vom b a d i s c h e n Handwerk in K a r l s r u h e errichteten F o r -
s c h u n g s i n s t i t u t   f ü r   r a t i o n e l l e   B e t r i e b s f ü h r u n g   i m
H a n d w e r k zu, das der Reichsverband zur Zentralstelle für das ganze Reich bestimmt hat. Das Institut, mit dem das an der Handelshochschule in M a n n h e i m
bestehende b e t r i e b s w i s s e n s c h a f t l i c h e   I n s t i t u t zusammenar-
beitet, hat den Zweck, wissenschaftliche Forschungsarbeit zur Förderung und
Weiterbildung der handwerkerlichen Betriebswirtschaft zu leisten. Es soll auf
die Innungen aufklärend eingewirkt werden. In welchem Sinne, mag die Wiedergabe einzelner Programmpunkte aus einem Instruktionskursus für Innungsleiter
dartun. Dort wurde gesprochen über unproduktive Zeiten, Auswahl der Lehrlinge,
Kraftmaschinen, Kraftübertragung, Arbeitsmaschinen, wärmetechnische Einrichtungen, Werkstatteinrichtungen und -anordnungen, Materialprüfung, Abfallver-
wertung und technische Betriebsleitung. Die Handwerkerpresse unterstützt diese
Aufklärungsarbeit. Vereinzelt (B a d e n) wird die Handwerkswirtschaft im Sinne
der Gewinnung des Auslandsmarktes durch eigens dazu eingerichtete Zentralstellen nach kaufmännischen Grundsätzen organisiert. Das Problem der P r e i s -
b i l d u n g fand unter den zunehmend schwierigen Verhältnissen steigende
Beachtung und Behandlung. Ebenso jenes der L o h n p o l i t i k, die dem Handwerk durch immer größere Annäherung der Löhne der ungelernten an diejenigen
der gelernten Arbeiter, im Hinblick auf die Abschreckung des Nachwuchses von
einer mehrjährigen Handwerkslehre, gefährlich zu werden drohte[1]. Gefahr in letzterer
Hinsicht droht dem Handwerk auch insofern, als die Gewerkschaften der Arbeiter
wenigstens teilweise den Boden der früheren Auffassung des Lehrverhältnisses als
eines Erziehungsverhältnisses verlassen und das Lehrverhältnis dem Arbeitsvertrag
schlechthin unterordnen wollen. Hier liegt eine Ueberspannung des Tarifvertrags-
gedankens vor, die um so weniger begründet ist, als das Handwerk, im Gegensatz
zur Industrie, sich schon lange vor dem Kriege grundsätzlich mit dem Tarifvertrag
abgefunden hatte. Das Ausbrechen des Lehrlingsverhältnisses aus der Ordnung
des Handwerks würde den nunmehr so nachdrücklich und folgerichtig erstrebten
berufsständischen Standpunkt empfindlich treffen.

Aehnliche Bestrebungen von anderem Ausgangspunkte aus verfolgt der
R e i c h s a u s s c h u ß   d e s   K u n s t h a n d w e r k s, zu dem Mitte 1926 die
maßgebenden Verbände des Kunsthandwerks zusammengetreten sind. Das Pro-
gramm, mit dem die neue Gründung an die Oeffentlichkeit trat, ist in mehr wie
einer Hinsicht charakteristisch für die Einstellung der beteiligten Kreise zu Strö-

---

[1] Der seit Ende 1924, dann besonders seit 1925 eingetretenen Wirtschaftskrise stehen
einzelne Handwerkszweige bereits wieder mit einem Uebermaß an Nachwuchs gegenüber.
Das Lehrlingsproblem ist alsdann auch von der Industrie systematisch angefaßt worden,
insbesondere seit Gründung des Arbeitsausschusses für Berufsausbildung (Vorsitzender
v. B o r s i g).

mungen der Zeit und institutionellen Ergebnissen daraus, impliziert aber auch bestimmte Forderungen einer Mittelstandspolitik, so daß hier davon Kenntnis zu nehmen ist:

Der Reichsausschuß will die Oeffentlichkeit über die Bedeutung kunstgewerblicher Arbeit aufklären und schmuckfeindliche Typisierung und Normalisierung bekämpfen. Er verkennt durchaus nicht, daß bei den heute zur Verfügung stehenden beschränkten Mitteln eine Rationalisierung der Arbeit unvermeidlich ist, diese darf aber nicht in einer Mechanisierung und Gleichmacherei enden, und nicht das wertvolle technische Können unseres Kunsthandwerks vernichten. Der Reichsausschuß wendet sich gegen eine Bevormundung des Kunsthandwerks und gegen die einseitige behördliche Förderung bestimmter Kunstrichtungen. Er bekämpft alle Versuche der S o z i a l i - s i e r u n g im Kunstgewerbe und jede Konkurrenz, die dem freien kunstgewerblichen Schaffen durch staatliche Einrichtungen entsteht. Er sieht insbesondere eine Gefahr darin, daß Kunstschulen mit öffentlichen Mitteln, der Arbeitskraft der ihnen anvertrauten Schüler und umgeben von dem Nimbus des Offiziellen dem Gewerbe Konkurrenz machen. Die Bedeutung und die Aufgabe der Schulen soll nicht verkannt werden, sie sollen aber Unterrichtsstätten bleiben, und ihre festbesoldeten Lehrer und Professoren sollen Lehrer und Förderer des Kunstgewerbes und nicht seine Konkurrenten sein. Der Ausschuß weist jeden Versuch zurück, diesen seinen Standpunkt in einen Kampf gegen die freien Künstler umzudeuten. Darüber hinaus will der Reichsausschuß, ohne die Tätigkeit der Fachverbände zu beeinträchtigen, eine einheitliche Front des gesamten Kunsthandwerks und der kunstgewerblichen Betriebe in allen gemeinsamen wichtigen Wirtschaftsfragen herbeiführen, um für das gesamte Kunsthandwerk die Stoßkraft zu erreichen, die die einzelnen zersplitterten Verbände nicht erlangen können.

Schließlich hat das Streben, die Qualitätsarbeit wieder volkstümlich zu machen, zu verschiedenen Maßnahmen geführt, von denen die Gründung der A r - b e i t s g e m e i n s c h a f t f ü r d e u t s c h e H a n d w e r k s k u l t u r be- sonders bedeutsam werden könnte. In dieser Arbeitsgemeinschaft haben sich unter Führung des Reichskunstwarts der Deutsche Handwerks- und Gewerbekammertag, der Werkbund, der Deutsche Bund für Heimatschutz, der Verband deutscher Kunstgewerbevereine und eine Anzahl von Behörden zusammengeschlossen, um sich die Förderung handwerklichen Könnens und die Herbeiführung allgemeiner Anerkennung der Qualitätsarbeit zum Ziele zu setzen. Diese Arbeitsgemeinschaft kann, gut geleitet, kultur- wie produktionspolitisch von größtem Einfluß werden. Allein die Frage der Werkstatt- und Werkzeugkultur beispielsweise ist von einer Bedeutung, die, wenn die Frage einigermaßen befriedigend gelöst wird, weit über die Grenzen des Handwerks als Berufsstandes hinausgreift.

Geht aus dem Dargelegten hervor, daß sich das Handwerk von heute im allgemeinen bemüht, aus eigener Kraft die Grundlage für eine tragfähige und dem Volksganzen zugute kommende berufsständische Politik, als Teil einer neuzeitlichen Mittelstandspolitik, zu schaffen, so bedarf es doch noch eines besonderen Hinweises auf die Arbeit des von K ü k e l h a u s seit 1903 geleiteten R h e i n i s c h - w e s t f ä l i s c h e n T i s c h l e r i n n u n g s v e r b a n d e s mit dem Sitz in E s s e n. Denn hier ist ein schöpferischer und konstruktiver Geist tätig, eine Mittelstandspolitik — nicht als bloße Fürsorgepolitik von oben herunter, sondern — als vorwiegend korporative Selbstverwaltung mit sozial- und produktionspolitischen Aufgaben und Zielsetzungen durchzuführen, die geeignet sein könnte, nicht nur den Begriff „Mittelstand" überhaupt wieder mit konkretem Inhalt zu füllen und der unumgänglich neuen Schichtung der Gesellschaft vorzuarbeiten, sondern zugleich auch gewisse allgemeine Wirkungen in produktionstechnischer Hinsicht hervorzurufen[1]. Dieser Innungsverband geht davon aus, d i e I n n u n g z u m M i t t e l p u n k t der ganzen Organisation des Handwerks und zum umfassenden O r g a n d e r H a n d w e r k e r b e w e g u n g zu machen. Insbesondere sollen die Innungen und die Innungsverbindungen in irgendeiner Form — auf das Wie kommt es hier nicht an — auch mit den geschäftlich-wirtschaftlichen Angelegen-

---

[1]) Nach der Niederschrift dieser Zeilen fand die hier gekennzeichnete Entwicklung eine ausführliche Behandlung in einer eigenen Schrift von G r a n d e r a t h (Karlsruhe 1925).

heiten befaßt werden. Dem steht § 100 n der GO. entgegen, weswegen ihn die rheinisch-westfälische Bewegung bekämpft. Aber es ist nicht zu verkennen, daß auch die Handwerkskammern im allgemeinen und selbst der Reichsverband des deutschen Handwerks, dem der Tischlerinnungsverband nicht angehört, dessen Bestrebungen ablehnend gegenüberstehen. Das Interesse des Volkswirtschaftlers und Gewerbepolitikers wird dessen ungeachtet von der Eigenwilligkeit dieser Bewegung, die etwas gesund Organisches an sich hat, in stärkster Weise angezogen. Die hier erstrebte Standesorganisation soll darauf eingestellt sein, „die wirtschaftlichen (Fachkunst und Preiswirtschaft) und sittlichen Grundlagen des Tischlerhandwerks unter den leitenden Gesichtspunkten zu ordnen und gesund zu erhalten, daß das Tischlerhandwerk ein wichtiger Berufsstand in der Volkswirtschaft ist und es zum Wohle des Ganzen darauf ankommt, diesen Stand so zu vervollkommnen und tauglich zu erhalten, daß er die Volksbedürfnisse an Tischlerarbeiten in der denkbar rationellsten Weise befriedigen kann". Während die Innung die Einheit in der Handwerkerorganisation, das entscheidende Organ ist, sollen alle anderen Organe des Handwerks, die Innungsausschüsse und -Verbände sowie die Handwerkskammern, darauf hinwirken, die Arbeit der Innungen in Fluß zu bringen, sie zu fördern und zu stützen. Die erste Sorge gilt einem geordneten und ausreichenden Verwaltungsapparat für die Innungen, der die Mitglieder und die Organisationen nicht nur mit den „laufenden Arbeiten", sondern auch mit der Gesamtentwickelung der Wirtschaft und des Gewerbes in ständiger Verbindung hält. Eine entsprechende Statutenabänderung und besondere Lehrkurse für Innungsverwalter, mit gleichzeitiger praktischer Einarbeitung an geeigneten Stellen, leiteten die Neuerung ein. Die im Innungsausschuß zusammengeschlossenen örtlichen Innungen richteten in immer mehr Orten ein gemeinsames Verwaltungsbureau mit einem bestellten und besoldeten Innungsverwalter ein, was zugleich zur Vereinfachung und Verbilligung beitrug. Der Verband selbst hat eine zentrale Geschäftsstelle mit je einer besonderen Abteilung für die Entwickelung der Werktüchtigkeit, für wirtschaftliche Gemeinschaftsarbeit, Preispolitik und Innungsgründung (unter dem Einfluß der Verbandstätigkeit nimmt die Anzahl der Innungen schnell zu) und außerdem eigene Entwurfs-, Zeichen- und Kalkulationsbureaus. Das Verbandsorgan, „Das Tischlergewerk", ist obligatorisch für die Mitglieder der Innung, die es auch für die Mitglieder der Gesellenausschüsse beziehen sollen. Der Ernst und die Zielgerichtetheit der ganzen Arbeit des Verbandes spricht besonders aus den Bemühungen um die Schaffung einwandfreier Grundlagen für die Berechnung der Preise, deren Vorarbeiten sich der Geschäftsführer den ganzen Zeitraum von 1903—1906 kosten ließ, mit dem Erfolge, daß nunmehr genaue und jederzeit zu ergänzende Schemata für die Berechnung der Kosten des Rohmaterials, der Zutaten, der Löhne, der Geschäftsunkosten usw. zur Verfügung stehen und jede Anfrage um genaueste Kostenanschläge in kürzester Frist beantwortet werden kann. Das Ergebnis wurde auf Grund einer Durchrechnung von mehr als 6000 häufig vorkommenden Bautischlerarbeiten gewonnen und in Versammlungen mit den Meistern, unter Benutzung von Wandtafeln, allenthalben und immer aufs neue durchgesprochen. Dadurch kam Stetigkeit und Festigkeit in das ganze Gewerbe hinein, das sich nunmehr mit Sicherheit in seinen produktionspolitischen Maßnahmen bewegen konnte. Vor allem auch war eine vorzügliche Handhabe zur praktischen und theoretischen Schulung des Nachwuchses gegeben. Natürlich ließ sich danach auch das Submissionswesen positiv reformieren, wozu denn auch die gesamte Verbandstätigkeit sehr wesentlich beigetragen hat. Es wurde eine enge Gemeinschaftsarbeit namentlich mit den Stadtverwaltungen angebahnt, während zugleich das Publikum in den Sinn der Qualitätsarbeit eingeführt wurde. So ausgerüstet trat der Verband an seine eigentliche Aufgabe heran, die Organisationszersplitterung im Handwerk (besondere Organisationen für den Einkauf der Rohstoffe, für die Regelung des Lohn- und Arbeitsverhältnisses, für die Regelung der Preiswirtschaft usw.) zu b e h e b e n und alle die einzelnen Betätigungen aus e i n e m Geist heraus zu betreiben, deren Träger die Innung und der Verband der Innungen sein sollen. Solange das Gesetz im Wege steht, sollen Nebeneinrichtungen der Innungen diese Aufgabe lösen. Jedenfalls wird alles unternommen, um die Innung als Standesorganisation zur Grundlage einer Produktionsgemeinschaft zu machen. Die Innungen sollen P e r s o n a l organisationen sein, die wirtschaftliche Gemeinschaftsaufgaben, nicht nach Art der Genossenschaften auf kapitalorganisatorischer, sondern eben auf personalorganisatorischer Grundlage erfüllen. So können nicht nur schwächere Betriebe leistungsfähig gestaltet, sondern es kann auch der Kliquengeist mit Aussicht auf Erfolg bekämpft werden. Um die Arbeit wirtschaftlich möglichst ergiebig zu gestalten, trat der Verband in ein Kartellverhältnis mit verschiedenen, für die Arbeit des Tischlers wichtigen Gewerben. Namentlich im Kriege konnte dieses K a r t e l l   d e r   H a n d w e r k e r f a c h v e r b ä n d e größere Aufträge und gemeinsame Lieferungen hereinbringen und durchführen. Um die Lieferung von Qualitätsarbeit sicherzustellen, beraten die Arbeitsgemeinschaften ihre Mitglieder schon von dem Augenblick der Anlage der Werkstatt an, während die Art der Arbeitsausführung stets gemeinschaftlich besprochen und durch Qualitätskontrolleure bewacht wird. Natürlich ist von da aus die Heranbildung eines tüchtigen Nachwuchses in ganz anderer Weise gesichert, als wenn es sich um rein theoretische Darbietungen handelt. Die Sicherung von ständiger Arbeitsgelegenheit wird durch Anregung der Vorratsarbeit „gängiger" Güter zu erreichen versucht, was durch Patenterwerbungen unterstützt wird. Weitere Einrichtungen des Verbandes sind einmal die dem Verband angeschlossenen Genossenschaften zur Förderung des Tischlergewerbes mit der Zwecksetzung, die zum Aufbau des Verbandes nötigen Gelder aufzubringen und zwar, außer der eigenen Geschäftsbetätigung, durch Vertragsabschlüsse mit Lieferanten zur Erwerbung von Rohstoffen, zur Verbesserung der Werkstatteinrichtung usw.; dann die Herstellung und Bereitstellung von Vorlagewerken und die Abhaltung von Ausstellungen zur Förderung der Möbelherstellung, die Lieferung von Möbeln in Form der Abzahlungsgeschäfte, um so mit den großen Warenhäusern in einen erfolgreichen Wettbewerb zu treten, gleichzeitig aber auch Qualitätsarbeit auch unter das kleine und kleinste Publikum zu bringen. Ein ganz besonderes Kapitel ist schließlich die Einflußnahme auf das Verhältnis zwischen Meistern und Gesellen. Der Verband drängt mit aller Kraft auf eine G e m e i n s c h a f t s a r b e i t   m i t   d e n   G e s e l l e n überall dort, wo eine solche angängig ist und Aussicht auf Erfolg bietet. Darum hat er nicht bloß die Abhaltung von Fachvorträgen für Meister und Gesellen in den Innungen und die Hebung der Werkstattarbeit durch die Beilage zum Organ „Für die Werkstatt" eifrigst betrieben, sondern auch die Regelung der Lohn- und Arbeitsverhältnisse in die eigene Hand genommen, um diese Verhältnisse mit der Eigenart des Gewerbes, unter der Losung des Ausgleichs von Leistung und Gegenleistung, in innigsten Einklang zu bringen und darin zu erhalten, was bei der heutigen Einstellung der Gewerkschaften durchweg erst nach Ueberwindung der größten Schwierigkeiten gelungen ist. Ein bemerkenswerter und, angesichts des üblichen Mißtrauens zwischen Arbeitgebern und Arbeitnehmern, vor kurzer Zeit noch kaum geahnter Erfolg auf diesem Gebiete ist die Gründung der „A r b e i t s k a m m e r   d e s   d e u t s c h e n   H o l z g e w e r b e s" im Jahre 1921. Hier haben sich Arbeitgeber und Arbeitnehmer zu gemeinschaftlicher Selbstverwaltung ihres Berufsstandes verbunden. Die Arbeitskammer soll Meister und Gesellen dort zusammenarbeiten lassen, wo sie ihr heimatliches unmittelbares Wirtschaftsleben verbringen müssen. Sie soll dadurch das Verantwortlichkeitsgefühl der Gesellen für die wirtschaftlichen und kulturellen Aufgaben ihres Berufsstandes stärken und den Frieden im Berufe herbeizuführen versuchen. Diese Arbeitskammer soll das Gewerbe innerlich heben und nach außen vertreten. Ob

und inwiefern diese Arbeitskammer irgendwie für die Errichtung der nach der
Reichsverfassung in Aussicht genommenen Bezirkswirtschaftsräte verwertet
werden kann, läßt sich noch nicht übersehen.

Um sein Ziel erreichen zu können, hat der Tischlerinnungsverband schließlich
Entwürfe ausgearbeitet zu Regeln für den Verkehr der Gewerbeangehörigen mit
den Architekten und sonstigen Bauleitern, um auf diese Weise, wiederum in praktischer Tätigkeit, dem Bauschwindel und dergleichen entgegenzutreten. Ferner
ist eine Gemeinschaftsarbeit mit dem Holzhandel eingeleitet, um den Zustand aus
der Welt zu schaffen, daß namentlich kleinere Tischler in zu starke Abhängigkeit
von den Holzhändlern geraten. Diesem Zwecke dienen, neben der Regelung des
Kreditwesens, die Einführung von einheitlichen Maßberechnungen zur Unterbindung unlauteren Gebarens von seiten gewissenloser Händler, die Festlegung
bestimmter Regeln für den Verkehr zwischen Holzhändlern und Tischlermeistern,
die regelmäßige Veröffentlichung und Bekanntmachung der Holzpreise. Mit einer
Reihe anderer Handwerkerfachverbände unterhält der Tischlerinnungsverband
ebenfalls rege Beziehungen, wie er denn auch ferner die gesamte Mittelstandsbewegung und -arbeit im rheinisch-westfälischen Industriegebiet stark beeinflußt hat.

Abschließend sei festgestellt, daß, wenn überhaupt handwerkliche Mittelstandspolitik als berechtigt anerkannt werden soll, der Rheinisch-westfälische
Tischlerinnungsverband ein Beispiel dafür gibt, wie solche Politik in der Selbsthilfe der Beteiligten selber positiv grundgelegt werden kann. Man kann darüber
streiten, ob die Form in allen Fällen die richtige ist oder war und uns hier liegt
nichts ferner als etwa eine Stellungnahme in dem Streit zwischen dem Verband
und den Handwerkskammern. Nur die Wirksamkeit als solche und ihr Wesenskern
stehen hier zur Erörterung. Es genügt jedenfalls für das Handwerk von heute nicht
mehr, Mittelstandspolitik mit der bloßen Begründung zu fordern und zu vertreten,
daß dem Staat und der Gesellschaft wie auch der Wirtschaft insbesondere an
der Erhaltung einer möglichst großen Zahl von selbständigen kleineren und mittleren Existenzen alles gelegen sein müsse. Diese Existenzen haben den Beweis zu
erbringen, daß sie als solche eine Funktion von Wichtigkeit erfüllen, besser erfüllen, als das in irgendeiner anderen Zusammensetzung und Schichtung der Gesellschaft möglich sein würde, und daß daraus, neben wirtschaftlichen und gesellschaftlichen, kulturelle Vorteile entspringen. Die betreffende Schicht hat dann
vor allem ihren eigenen Lebenswillen und ihre Lebensfähigkeit durch eindringliche
Versuche, ihr Geschick selber zu meistern, zu erweisen, ehe sie eine staatliche
Politik fordern darf, die sich mit besonderen Einrichtungen und Maßnahmen den
Bestrebungen dieser Schicht unterstützend und fördernd an die Seite stellt oder
aber sie auf gewissen Gebieten entlastet, wo eine zu schematische Belastung der
Entwicklung der Schicht verhängnisvoll zu werden droht. Wie ein solcher Beweis
zu führen ist, zeigt mehr wie alle anderen handwerklichen Bemühungen der Ge-
genwart das Vorbild der rheinisch-westfälischen Tischlerinnungsbewegung. Findet
dieses Vorbild in vielleicht noch besseren und angemesseneren Formen Nachahmung, so wird jeder Wirtschafts-, Gesellschafts- und Kulturpolitiker sich an die
Seite des Handwerks stellen und nach Kräften dazu beitragen, die hier gegebenen,
dem lebendigen Leben entsprießenden Möglichkeiten zur Neuschichtung unserer
Volksgemeinschaft in jeder irgendwie möglichen Art und Weise, vor allem auch,
soweit notwendig, mit Hilfe der Gesetzgebung, fest zu fundamentieren. Wirtschaftlich ist das deswegen von höchstem Belang, weil das praktische und positive Pflege
des Gewerbesolidarismus und das Hinarbeiten auf die richtige gesellschaftliche
Schichtung zu den vornehmsten Grundlagen aller Produktionspolitik gehören.

B. Der Handel (Detail-, Einzel-, Kleinhandel).

a) Vor dem Kriege.

Die Gewerbefreiheit, als der Ausdruck grundlegender neuer Wirtschafts- und Verkehrsverhältnisse, hat, wie für das Handwerk, so auch für den Handel eine umwälzende Bedeutung gehabt. Wohl waren der mit Fremd- und Altwaren arbeitende Händler der strengen Zunftzeit, der handwerksmäßig arbeitende Händler im S o m b a r t schen Sinne und der Krämer längst nicht mehr die einzigen Vertreter des Handels, als die Gewerbefreiheit eingeführt wurde. Es braucht nur auf die großen Geschlechter der „königlichen" Kaufleute, auf die F u g g e r , W e l s e r usw. hingewiesen zu werden und ferner auf den Verleger der frühkapitalistischen Zeit, der in sehr vielen Fällen Kaufmann war. Im Laufe der Zeit hatte sich außerdem aus der Schicht der Krämer als vorwiegender Gemischtwarenhändler immer mehr der kleinhändlerische Spezialist entwickelt, der dann, im Anschluß an das Aufkommen des Manufakturgroßbetriebes, neue Erwerbsmöglichkeiten durch den Verkauf fabrikmäßig hergestellter Waren erhielt. Allein erst die Periode der Großindustrie mit ihrer gewaltigen Ausdehnung der Herstellung gebrauchsfertiger Waren, zugleich als die Zeit eines riesenhaften Wachstums der Bevölkerung wie der Steigerung des Reichtums und der Bedürfnisse, aber auch des freien Wettbewerbs, schuf, als unaufhaltsam zunehmende Schicht, den eigentlichen kaufmännischen Mittelstand, wie er insbesondere in der zweiten Hälfte des vorigen Jahrhunderts mit eigenen Forderungen einer Mittelstandspolitik vor uns steht. Das Aufkommen der W a r e n - u n d K a u f h ä u s e r , der K o n s u m v e r e i n e und anderer Bestrebungen zur Ausschaltung des Handels, die Ausdehnung des Wandergewerbes, der Warenauktionen und Konkursverkäufe und eine Anzahl von weiteren Erscheinungen haben diese Forderungen immer dringlicher gestaltet.

Von allen Schichten des Mittelstandes ist dem Detail- oder Kleinhändler schon in der Vorkriegszeit der Aufruf zu einer ihn besonders schützenden Mittelstandspolitik von Gesetzes wegen wohl am schwersten gemacht worden. Seine Existenzberechtigung ist sicherlich am wenigsten fraglos. Sie wurde, wie wir sahen, schon zu einer Zeit angefochten (wenn auch weniger theoretisch als praktisch durch das Vorgehen der Zünfte), als noch der mittelalterliche ordo jeder Tätigkeit und jedem Stande seine Stelle zubilligte, da ja auch der Stand der Krämer selber sich der Struktur des Handwerks anpaßte und für den einzelnen Zugehörigen in traditioneller Art mit der Sicherung der „Nahrung" sich zu begnügen hatte. Immer weniger fraglos aber mußte die Existenzberechtigung werden, als sich mit dem Siegeszuge des Kapitalismus das rationelle Denken verbreitete und schließlich auch die große Masse erfaßte. Dem rationellen Denken, erst recht, wenn es in irgendeiner Form „planwirtschaftlich" orientiert wird, tritt der Kleinhändler immer störend, als „überflüssiges Zwischenglied", in den Weg; ihm scheint er keine Funktion auszuüben, die nur in der Art des heutigen Kleinhandels mit Nutzen auszuüben wäre. Dennoch hat der Kleinhandel in der Zeit vor dem Kriege nicht vergeblich an den Gesetzgeber um mittelstandspolitische Maßnahmen in seinem Sinne appelliert. Trug aber schon die mittelstandspolitische Einstellung des Handwerks vor dem Kriege in starkem Maße negativen oder Abwehrcharakter, so ist das für den Detaillisten und Kleinhändler sozusagen ausschließlich der Fall. Diese Abwehr ist gewissermaßen der Gegendruck, der sich dem Druck entgegenzustellen sucht, welcher von der wirtschaftlichen Entwicklung mit ihren Folgen ausgeht, ein Druck, der dem Detailhandel auf „mittelständischer" Grundlage nicht günstig ist, obwohl anscheinend die Tatsache des weit über den Prozentsatz der Bevölkerungsvermehrung hinaus anwachsenden mittelständischen Kleinhandelsbetriebes (1895—1907 Zunahme der Bevölkerung 19%, der Warenhandelsbetriebe mit 1—5 Beschäftigten 34%; die Zunahme der Betriebe mit 6—50 Beschäftigten und der eigentlichen Großbetriebe ist freilich noch viel größer) das Gegenteil besagt.

Auch die Tatsache, daß die moderne Nationalökonomie den Handel, der die örtliche Knappheit der Natur an wirtschaftlichen Gütern zu überwinden habe (E h r e n b e r g), mit in die Produktion als Vorbereitung des Konsums (C a s s e l) einbezieht und damit selbst, ganz abgesehen von dem Prinzip des freien Wettbewerbs, auch den Kleinhandel in sich stärker begründet, als es je zuvor der Fall gewesen, kann einer händlerischen Mittelstandspolitik kaum auf die Beine helfen. Sie kann nicht die Tatsache verdecken, daß der Betrieb des Kleinhändlers durchweg unwirtschaftlich und preisverteuernd wirkt. Es dürfte noch das möglichst günstige Urteil sein, welches mit den Worten R. E h r e n b e r g s ausgesprochen ist: „Eine Ausschaltung des berufsmäßigen Kleinhandels ist eher möglich und dessen wirtschaftlichere Organisation wahrscheinlich notwendig. Doch findet diese Entwickelung erfahrungsgemäß ganz bestimmte Grenzen." Daher trifft für die Mittelstandspolitik zugunsten des Kleinhandels tatsächlich in vollem Umfange zu, was L e d e r e r von der Mittelstandspolitik im allgemeinen sagt, daß sie nämlich nicht produktionspolitisch, sondern nur s o z i a l begründet werde. Dieser soziale Ausgangspunkt für die Mittelstandspolitik läßt sich kennzeichnen mit irgendeiner Variation des eingangs erwähnten Satzes, daß die Erhaltung einer hinreichend starken Schicht von selbständigen Existenzen bei ihrer „Nahrung" eine Staatsnotwendigkeit sei, wobei dann etwa angefügt wird: Die Erhaltung dieser Selbständigkeit zugleich mit der Sicherung der Befriedigung der hauptsächlichen Bedürfnisse komme der Entwicklung der individuellen Fähigkeiten und der unumgänglich notwendigen Aufrechterhaltung des sozialen Friedens am besten entgegen. Die belangreichste soziale Eigenschaft des Mittelstandes sei das Maßhalten in den Bedürfnissen und dem Streben nach Ehren und Reichtum, das hinwiederum „allen die größtmögliche Verteilung des Wohlstandes ermöglicht" (L a m b r e c h t s). „Die Ausschaltung des Mittelstandes bereitet den nationalen Untergang vor." (P e s c h.) Nur eine solche soziale Einstellung könnte in der Tat über die unumstößliche Gewißheit hinwegbringen, daß wesentliche Maßnahmen der, gemäß den händlerisch-mittelständlerischen Forderungen unternommenen Mittelstandspolitik glatt versagt haben: wie wollte man o h n e einen solchen „höheren" Gesichtspunkt namentlich gegenüber den radikalen Umwälzungen der neuesten Zeit und ihren Folgen bestehen?

Die staatliche Mittelstandspolitik kommt zunächst zur Geltung in der H a n d e l s p o l i t i k, soweit sie, im Unterschied von der Handelspolitik als eines besonderen Zweiges der a u s w ä r t i g e n Politik des Staates, i n n e r e Handelspolitik ist. Nachdem die letzten Reste des alten Innungswesens abgetan sind, herrscht im Betrieb des Handelsgewerbes im allgemeinen völlige Freiheit, soweit nicht Rücksichten der öffentlichen Ordnung, der Sitte, des Gesundheitsschutzes gewisse Einschränkungen erforderlich machen. Weitere Beschränkungen treffen das W a n d e r g e w e r b e, d. h. den Handel im Umherziehen, und solche Beschäftigungen, die sich dem Wandergewerbe nähern. In diesen Beschränkungen macht sich die Mittelstandspolitik geltend, die den einheimischen Gewerbetreibenden zugute kommen soll. Sie beziehen sich einmal auf die Gewerbetreibenden außerhalb des Ortes der Niederlassung, ob es sich nun um den Geschäftsinhaber selber oder um Handlungsreisende handelt, und sodann auf den sogenannten ambulanten oder Hausierhandel ortsangesessener Personen. In Betracht kommen hier die Bestimmungen der Gewerbeordnungsnovelle vom 1. Juli 1883, wonach sowohl der ambulante Handel wie das Reisegeschäft vom stehenden Gewerbebetrieb aus dem gewöhnlichen Hausierhandel in vielem völlig gleichgestellt wird. Weitergehende mittelständlerische Forderungen, die den Handelsreisenden das Nachsuchen von Bestellungen bei Privatkunden (Nichtgeschäftsleuten) untersagt oder nur gegen eine Ortssteuer gestattet wissen wollten, gingen damals nicht durch, abgesehen von Bestellungen auf Branntwein und Spiritus im Wandergewerbebetriebe und von der Zulassung besonderer Vorschriften für das Aufsuchen von Privatbestellungen im ambulanten Lokalgewerbe. Größere Erfolge im Sinne der Bestrebungen

des Kleinhandels brachte das Gesetz vom 6. August 1896: Von zulässigen Ausnahmen abgesehen, wird dem Handelsreisenden das Aufsuchen von Privatbestellungen ohne vorhergegangene ausdrückliche Aufforderung verboten. Das „Detail-
reisen" ist demnach vom Besitz eines Wandergewerbescheines abhängig. Das Gesetz selber sieht Ausnahmen vor in bezug auf Druckschriften und Bildwerke. Das
Gesetz verbot sodann auch das Abzahlungsgeschäft im ambulanten Gewerbe-
betriebe. Verboten sind ferner Wanderauktionen und Wanderverlosungen, während ein weiteres Bemühen dahin geht, den Betrieb von Wanderlagern einer
besonderen Erlaubnis gegen den Nachweis eines vorhandenen Bedürfnisses zu
unterwerfen.

Andere Mittel der Gesetzgebung haben versucht, die Kleinhändler in ihrem
wütenden Kampf gegen den Großbetrieb im Detailhandel in der Form großer
Spezialgeschäfte, der Warenhäuser und der Konsumvereine zu unterstützen.
Der Standpunkt der Kleinhändler in diesen Fragen ist rein mittelständlerisch,
nämlich soziale, gegebenenfalls auch wohl sozial-ethische Forderung; er kann auch
nicht wohl etwas anderes sein, da der Standpunkt des Kleinhandels wirtschaftlich,
d. h. etwa sein Hinweis auf eine etwaige größere Wirtschaftlichkeit des Kleinhandels, in dem Maße schwieriger geworden ist, als die Entwickelung namentlich
der Konsumvereine fortgeschritten ist und als im übrigen der Kleinhandel selber
sich kaum allgemein auf eine größere Qualifikation seiner Vertreter berufen kann,
nachdem immer mehr Kleinhändler ohne jede Vorbildung in das Gewerbe einge-
drungen sind. Die Forderung eines B e f ä h i g u n g s n a c h w e i s e s für Kleinhändler ist, neben Oesterreich, auch in Deutschland wohl gelegentlich aufgetaucht,
hat aber hier zu keinen durchgreifenden Maßnahmen geführt, so daß von da aus die
Stellung des Kleinhandels nicht zu stützen ist. Der Kernpunkt der Stellungnahme
des Kleinhandels ist der Hinweis auf die Gefahren der Konzentration, die durch
Warenhäuser und Konsumvereine gefördert werde. Von dem Vorwurf der wirtschaftlichen Schädigung des Konsumenten durch den großbetrieblichen Detailhandel sind die vorsichtigeren Vertreter des Mittelstandes mehr und mehr zu-
rückgekommen; sie haben im Gegenteil den Kleinhändlern die Nachahmung
mancher Arbeitsmethoden dieses Großbetriebes empfohlen, um sich auf diese
Weise in ihrer Stellung zu sichern. Worauf sich ihre Stellungnahme in der letzten
Zeit vor dem Kriege hauptsächlich einstellte, läßt ein ganz ausführliches Referat
des Belgiers Dr. L a m b r e c h t s auf dem III. Internationalen Mittelstandskongreß zu M ü n c h e n (1911) erkennen, das wohl am ersten eine wissenschaftliche Darlegung des kleinhändlerischen Standpunktes genannt werden kann.
Seine Hauptthesen seien hier (nach der kurzen Zusammenfassung von M ü f f e l-
m a n n , der dabei mit Recht das unzulässige Zusammenkoppeln von Warenhäusern und Konsumvereinen durch L a m b r e c h t s rügt) wiedergegeben, da eine
Einzelauseinandersetzung nicht im Bereich dieser Ausführungen liegt. L a m-
b r e c h t s stellt folgende Sätze auf:

„Vom Standpunkte des Wirtschaftslebens aus betrachtet, entsprechen die
Warenhäuser und Konsumvereine der heute überall herrschenden Tendenz der
Konzentration. Diese letztere wieder ergibt sich als notwendige Folgeerscheinung
der systematischen Enthaltung der Staatsgewalt auf dem Gebiet der Konkurrenz.
Da die Konzentration ihrem Wesen nach immer weiter um sich greift, so werden
sich Warenhäuser und Konsumvereine auch immer weiter ausdehnen. Das kann
lediglich geschehen auf Kosten der wirtschaftlich Schwächeren, einerseits der
einzelstehenden Gewerbetreibenden und andererseits der minder tüchtigen oder
minder kräftigen Zusammenschlüsse. Warenhäuser und Konsumvereine schädigen
die Produktion; denn sie setzen die Massenproduktion voraus, was eine Einschränkung des Produktionsgebietes und der in Betracht kommenden Produzenten
zur Folge hat. Dieses Konkurrenzgebaren führt zum Einkauf und zur Verwendung von Ersatzstoffen. Als Käufer üben die Warenhäuser und Konsum-

vereine einen anormalen Druck auf die Produzenten aus, und sie gehen allmählich zur eigenen Produktion über. Die Ausdehnung des Systems der Warenhäuser und Konsumvereine bietet gewisse Nachteile für das Personal, für das bei Durchführung des Systems jede Hoffnung zur Selbständigmachung schwindet. Durch die Teilarbeit in den Warenhäusern wird die Fähigkeit der Angestellten, ein Geschäft selbständig zu leiten, vermindert. Die Anhäufung von Tausenden von weiblichen Arbeitskräften und deren Abhängigkeit von männlichen Vorgesetzten schließen moralische Bedenken in sich. Eine weitere moralische Gefahr bildet auch das System des freien Eintritts in den Warenhäusern. Dem verkaufenden Personal, den Rayonchefs in den Warenhäusern und den Vorstandsmitgliedern in den Konsumvereinen bietet sich durch das System Gelegenheit, auf Kosten des Unternehmers sich persönliche Vorteile zu verschaffen. Auch für die Abnehmer ergeben sich gewisse Nachteile durch die geringe Auswahlmöglichkeit, die Entfernung der Verkaufsstellen, die Verminderung der Garantie, und in den Konsumvereinen sind die Abnehmer Träger des Risikos ohne direkten Einfluß auf die Leitung. Daraus ergibt sich, daß die Warenhäuser und Konsumvereine, vom soziologischen Standpunkte aus betrachtet, gegenüber den selbständigen Detaillisten ein minderwertiges System sind."

Vom Staate verlangte L a m b r e c h t s in der Hauptsache, daß er ein dem Großbetrieb weniger günstiges Terrain schaffe und nicht gar selbst durch Tarifermäßigungen, Krediterleichterung oder eigene Gründung von Konsumvereinen die Konzentrationstendenz zuungunsten des Mittelstandes stärke.

Wesentlich im Zusammenhang mit der Abwehr jener großbetrieblichen Entwickelung ist zum eigentlichen Exponenten der Politik zugunsten des händlerischen Mittelstandes eine S t e u e r p o l i t i k geworden, der man am liebsten streng prohibitiven Charakter gegeben hätte. Diese Steuerpolitik geht bezüglich der Warenhäuser dahin, sie durch Besteuerung ihres Umsatzes zu drosseln; bezüglich der Konsumvereine, sie um jede steuerliche Bevorzugung zu bringen. Die Warenhausbesteuerung führten unter anderem ein: B a y e r n durch das Gewerbesteuergesetz von 1899 (betreffend Warenhäuser, Großmagazine, Großbasare, Abzahlungs- und Versteigerungsgeschäfte sowie „gemischte" Versandgeschäfte), das eine nach dem Steuerumfang steigende „Normalanlage" vorsieht, welche unter Hinzurechnung der Betriebsanlage nicht unter ½% und nicht über 3% des Geschäftsumsatzes betragen soll; P r e u ß e n durch das Gesetz vom 18. Juni 1900, das diejenigen Betriebe von Warenhäusern, Basaren, Versandgeschäften und ähnliche als stehende Gewerbe betriebenen Unternehmungen, die einen Kleinhandel mit mehr als einer der im Gesetz unterschiedenen vier Warengruppen betreiben und dabei einen Jahresumsatz von mehr als 400 000 M. erzielen, mit einer Steuer belegt, die von 1—2% des Umsatzes bis auf 20% des Ertrags steigt; S a c h s e n , das zunächst die Besteuerung des Umsatzes der betreffenden Art von Betrieben den Gemeinden überließ, seit 1912 aber sich um eine landesgesetzliche Besteuerung bemühte; W ü r t t e m b e r g , wo es keine Warenhausumsatzsteuer gibt, wohl aber seit 1903 einen Zuschlag zur allgemeinen Gewerbesteuer von 15—20%; ferner einige kleinere Staaten wie B a d e n , B r a u n s c h w e i g usw. Schon vor dem Kriege gaben jedoch die einsichtigeren Führer des Mittelstandes zu, daß durch diese Steuerpolitik eines weitgehenden Schutzes des Kleinhandels eine Einschränkung des Herrschaftsgebietes der Warenhäuser nicht zu erreichen sei, daß vielmehr die wirtschaftliche Entwickelung darüber hinweggehe und, wie bereits erwähnt, daß dem kleingewerblichen Mittelstand anzuraten sei, etwaige Vorzüge des Warenhauses nachzuahmen. Ebensowenig hat die immer raschere und umfassendere Entwickelung der Konsumvereine aufgehalten werden können durch die Bemühungen, dieselben steuerlich mit den einzelnen Detaillisten gleichzusetzen. Diese Bemühungen setzten von dem Augenblick an ein, wo es klar wurde, daß der Staat nicht zum Verbot von Konsumvereinen zu bewegen sei, auch nicht zum

Verbot von Beamtenkonsumvereinen, während allerdings in letzterer Beziehung einzelne Regierungen den Beamten die Verwendung von Dienststunden und Diensträumen in Konsumvereinsangelegenheiten untersagten, namentlich soweit dabei irgendeine vermögensrechtliche Begünstigung von Konsumvereinen herausspringen könne. Auch hier blieb den Detaillisten nichts anders übrig, als gewisse Methoden der Konsumvereine nachzuahmen, was denn auch durch das Rabatt- und Sparwesen erfolgte, das durch Verleihung von Rabatten oder durch Einkleben von Marken mit Berechtigung auf bestimmte Waren zugleich das Borgsystem nach Art der Konsumvereine bekämpfte, indem es „Rückvergütungen" einführte.

Mittelständischen Charakter tragen teilweise auch mancherlei gesetzliche Bestimmungen, sei es in der Gewerbeordnung, sei es in besonderen Gesetzen, die den Handel mit gewissen Waren scharf abgrenzen, wie z. B. den Kleinhandel mit Branntwein, Bier, den Handel mit Giften, mit Arzneien, den Betrieb des Trödelhandels, den Handel mit Losen oder Bezugs- und Anteilscheinen auf solche Lose, insbesondere mit Losen auswärtiger Lotterien, den Handel mit Geheimmitteln, den Handel mit Gold- und Silberwaren usw.

Eine mittelständische Schutzmaßnahme im weiteren Sinne ist sodann die Gesetzgebung über den unlauteren Wettbewerb, die einen Niederschlag in dem Gesetz vom 27. Mai 1896 fand, um dann durch das Gesetz vom 7. Juni 1909 einen Ausbau zu erfahren. In Betracht kommen namentlich diejenigen Bestimmungen des Gesetzes, die sich richten gegen trügerische oder betrügerische Reklame vermittels falscher Angaben über Beschaffung, Ursprung, Herstellungsart der Waren, Preisbemessung, Bezugsquellen, über den Besitz von Auszeichnungen, den Anlaß und Zweck des Verkaufs, die Menge der Vorräte, kurz: vermittels irgend welcher tatsächlich unwahren Angaben, die geeignet und bestimmt sind, den Anschein eines besonders günstigen Angebots hervorzurufen.

Zu kaum einer erheblicheren Bedeutung ist die Mittelstandspolitik bisher in den amtlichen Interessenvertretungen des Handels, in den Handelskammern, gelangt, mit Ausnahme etwa in den Fällen, wo, wie in Bayern, Württemberg, Sachsen und einigen kleineren Staaten, bis zur Begründung der Handwerkskammern sogenannte Handels- und Gewerbekammern mit Einschluß des Handwerks bestanden (oder, wie in Sachsen-Meiningen, noch bestehen). Die deutschen Handelskammern sind seit Beginn des vorigen Jahrhunderts zunächst in den westlichen Gebieten Deutschlands nach französischem Vorbild eingeführt und haben zu verschiedenen Zeiten für die verschiedenen Gliedstaaten eine mehr oder weniger einheitliche Regelung erfahren. Sie sind in der Hauptsache die Vertretung des Großhandels und der Industrie, die in den Handelskammern ebenfalls ihre amtliche Vertretung findet. Das vor dem Kriege beispielsweise in Preußen geltende Recht ließ zu, daß auf Beschluß der Handelskammern Wahlrecht und Beitragspflicht von der Veranlagung zu einem bestimmten Satze der Gewerbesteuer bedingt sein könnte, was meist einem Ausschluß der kleineren Kaufleute gleichkam. In den letzten Jahrzehnten vor dem Kriege ist es dem Drängen des Mittelstandes gelungen, besondere Kleinhändlerausschüsse in den Handelskammern durchzudrücken. Dieser Fortschritt ist nicht zuletzt auf die Wirksamkeit des Deutschen Industrie- und Handelskammertags zurückzuführen, der als Deutscher Handelstag im Jahre 1861 in Heidelberg begründet wurde und dem, trotz aller inneren Differenzen über die Frage der Wirtschaftspolitik, heute die Gesamtheit der Kammern angehört. Der Name Deutscher Industrie- und Handelstag (Organ: „Handel und Gewerbe") rührt von der Geschäftsordnung vom 3. Mai 1918 her, durch die die jetzige Organisation eingeführt und die früher zulässige Aufnahme privater Vereine ausgeschlossen wurde. Außer dieser Gesamtvereinigung bestehen seit langem in den einzelnen Ländern und teilweise auch Provinzen Landes- und Provinzverbände von Handelskammern. Die Kleinhandelsausschüsse bei den Kammern

haben die Aufgabe, die besonderen Verhältnisse des Kleinhandels und die praktischen Schlußfolgerungen daraus zur Geltung zu bringen. Sie nehmen sich aber
auch der Lage der Detaillisten durch Aufklärung und Bildungsmaßnahmen (Unter-
richtskurse, Vorträge in Geschmacksbildung, Anleitung zur künstlerischen Aus-
schmückung der Schaufenster usw.) an. Den Ausschüssen gehören ebenfalls die
sogenannten Minderkaufleute an und zwar obligatorisch, obwohl diese Minderkaufleute, wenn sie nicht ins Handelsregister eingetragen sind, außerhalb der
Organisation der Handelskammer stehen.

Besondere Verhältnisse auf dem Gebiete des Kammerwesens liegen in den
Hansestädten vor, insofern als hier die Kleinhändler von der Handelskammer-
organisation ausgeschlossen sind. Seit 1904 besteht für sie in H a m b u r g eine
besondere D e t a i l l i s t e n k a m m e r, seit 1906 auch in B r e m e n, während
die Kleinhändler in L ü b e c k keine V e r t r e t u n g haben.

Aelter und eingreifender als die behördliche Organisation ist die f r e i e I n -
t e r e s s e n v e r t r e t u n g des Kleinhandels, obschon auch hier dasselbe gilt
wie für das Handwerk, daß nämlich allzulange jede Hoffnung auf die Hilfe des
Staates gesetzt wurde. Die Erkenntnis, daß sich Staatshilfe und Selbsthilfe gegen-
seitig bedingen, gehört, wie auch im Handwerk, der neueren Zeit an, ohne daß indes
der Kleinhandel bisher eine konstruktive Mittelstandspolitik aus sich heraus erzeugt hätte, was allerdings aus den mehrfach angedeuteten Gründen für ihn besonders schwer ist. Es wird darum auch nicht stärker auffallen, daß der Kleinhandel der Handwerkerinnung, als der mehr oder weniger geschlossenen Vertretung
des „Standes", etwas ähnliches in Form einer wenigstens einigermaßen charak-
teristischen Kaufmannsgilde auf fachlicher Grundlage vor dem Kriege nur in verhältnismäßig wenigen Orten an die Seite zu setzen hatte. Und was in den größeren
Städten unter den verschiedensten Namen, wie Mittelstandsverein, Verein für
Handel und Gewerbe, Handelsverein, Verein zur Wahrung der Interessen des
Handelsstandes usw., schon bestand, war meistens ein recht loser Zusammenschluß der Handel- und Gewerbetreibenden eines Ortes zur Wahrung ihrer allgemeinen Standesinteressen gegenüber Privaten und Behörden. Die Abwehr
gegenüber irgendwem und irgendetwas überwog jedenfalls bei weitem. Immerhin
wurde auch manches unternommen, um das Ansehen des Kleinhandels durch
von innen kommende Maßnahmen zur Förderung des Standes zu heben, ebenso
wie man durch Milderung des Konkurrenzkampfes eine gewisse Linie in die Front
des Kleinhandels zu bringen versuchte. Den gleichen Zwecken dienten übrigens
die mancherlei Zusammenschlüsse der vielen Einzelverbände zu Gesamtorgani-
sationen. Am bekanntesten ist der 1888 gegründete „Zentralverband kaufmännischer Verbände und Vereine Deutschlands", der sich seit dem Jahre 1907 „D e u t -
s c h e r Z e n t r a l v e r b a n d f ü r H a n d e l u n d G e w e r b e" (Sitz
L e i p z i g) nennt. Wie dieser Verband, so sind auch die meisten anderen mehr
oder weniger lose Rahmenverbände, denen sich allgemeine Lokalverbände ein-
fügen. Dem genannten Zentralverband gleichbedeutend war vor dem Kriege die
„Z e n t r a l v e r e i n i g u n g d e u t s c h e r V e r e i n e f ü r H a n d e l u n d
G e w e r b e" (Sitz B e r l i n). Die Tendenz solcher Zusammenschlüsse kommt
am besten zum Ausdruck in der Zwecksetzung des Zentralverbandes, der sein
Ziel erreichen will durch: Förderung und Verbreitung von Fachkenntnissen;
Abwehr der, den selbständigen Mittelstand in Handel und Gewerbe gefährdenden,
mißbräuchlichen Ausdehnung der großkapitalistischen Betriebsformen und der
wirtschaftlichen und gewerbetreibenden Konsumentengenossenschaften; Bekämp-
fung der Mißstände in Handel und Gewerbe, insbesondere des unlauteren Wettbewerbs; Beteiligung an den Vorbereitungen zur Verbesserung bestehender und
Schaffung neuer, Handel und Gewerbe fördernder Gesetze; Unterstützung der auf
Selbsthilfe gerichteten Maßnahmen des Handels und Gewerbes.

Als einflußreicher wie die über das ganze Reich sich erstreckenden Gesamtverbände haben sich nicht selten bestimmte Bezirksverbände erwiesen, von denen hier besonders genannt seien: der „Detaillistenverein für Rheinland und Westfalen" in B a r m e n, der „Verband süd- und westdeutscher Detaillistenvereine" in F r a n k f u r t/M a i n, der „Bayrische Verband zum Schutze von Handel und Gewerbe" in N ü r n b e r g. Das gleiche gilt für bestimmte, in der Oeffentlichkeit stärker hervorgetretene Branchenverbände, die namentlich in Zeiten wirtschaftspolitischer Erregung mit Macht auf die öffentliche Meinung einzuwirken verstanden. Auch hier genügen einzelne Namen: der „Verband deutscher Kaufleute der Delikatessenbranche", der „Verband deutscher Porzellan- und Glaswarenhändler", der „Verband deutscher Detailgeschäfte der Textilbranche", der „Verband deutscher Eisenwarenhändler", der „Verband deutscher Zigarrenhändler", der „Zentralverband der Kohlenhändler Deutschlands", der „Zentralverband deutscher Schuhwarenhändler", der „Zentralverband deutscher Uhrmacher", der „Deutsche Drogistenverband", der „Detailverband der Bekleidungsindustrie und verwandter Branchen", der „Reichsverband deutscher Spezialgeschäfte in Porzellan-, Glas-, Haus- und Küchengeräten", der „Zentralausschuß der vereinigten Putzdetaillisten Deutschlands".

Die Rührigkeit des Kleinhandels erwies sich durchweg größer als diejenige des Handwerks auf dem Gebiete der Einflußnahme auf die p o l i t i s c h e n P a r t e i e n. Fast alle bürgerlichen Parteien im Reich wie in Staat und Gemeinde trugen den Forderungen des Kleinhandels weitgehend Rechnung, so daß wir immer wieder auf Programme stoßen, die die früher behandelten Abwehr- und Schutzforderungen enthalten. Die liberalen Parteien schränkten allerdings ihre Stellungnahme dadurch ein, daß es nicht darauf ankommen könne, gegen die offensichtliche Entwickelung der wirtschaftlichen Verhältnisse anzukämpfen, und die Fortschrittliche Volkspartei lehnte darüber hinaus die Parteinahme für die Warenhaussteuer ab, zumal die Steuer sich durch Begünstigung der sich auf eine Warengruppe beschränkenden Versandtgeschäfte noch einer besonderen Ungerechtigkeit schuldig mache. Auch diese parteiamtliche Mittelstandspolitik hielt sich in der Hauptsache in der Abwehr, was nicht zu verwundern ist angesichts der vorwiegenden Einstellung der Kleinhändler selber. Man braucht sich zur Beleuchtung dieser Stellung nur die Art und Weise anzusehen, wie Vertreter des kaufmännischen Mittelstandes etwa mit der Frage der „parasitären" Vermehrung kaufmännischer Existenzen fertig zu werden suchten: In den Verhandlungen des Vereins für Sozialpolitik vom Jahre 1899 über die Entwickelungstendenzen im modernen Kleinhandel erwähnte der Vertreter der Interessenten, außer der sporadisch aufgetretenen Forderung des Befähigungsnachweises, auch noch die im Handelsgesetzbuch gegebene Möglichkeit, den eigentlichen Kaufmann vom Minderkaufmann zu unterscheiden: man könne vielleicht den Minderkaufmann, den Krämer, zwingen, diese seine Stellung auch äußerlich zu kennzeichnen, etwa in der Firma. Die Versammlung hat diesen Vorschlag mit „Heiterkeit" quittiert und damit für die Aermlichkeit solchen „Programms" mehr gesagt, als es lange Ausführungen zu tun vermöchten.

b) I n u n d n a c h d e m K r i e g e.

Mit dem Kriege tritt die öffentliche Mittelstandspolitik zugunsten des Einzelhandels in der bisherigen Form völlig in den Hintergrund. Die Notwendigkeit, innerhalb des besonders eingeschränkten Rahmens der Bedarfsversorgung möglichst alle Störungen durch willkürliche Preisfestsetzung seitens des Handels hintanzuhalten, führte in umfassendem Maße zur Ausschaltung des freien Handels. Der Händler wird insbesondere auf dem Gebiete der Versorgung der Bevölkerung mit Lebensmitteln zum Beauftragten des Staates, dessen Maßnahmen, wie Preisfestsetzung, Rationierung, Wucherbekämpfung, noch durch manche Eingriffe der Gemeinden in die Freiheit des Handels (Preisprüfungsstellen!) fühlbare Ergänzung

finden. Die Zwangswirtschaft ist mit einem freien Händlertum nicht
verträglich. Die Kriegszeit bringt aber darüber hinaus allerhand weitere Einschränkungen der Tätigkeit des Händlers durch direkte Warenlieferungsabschlüsse
großer Verbände öffentlichen Charakters wie privater Vereine (Konsumvereine)
und Großfirmen mit den Produzenten und dem Großhandel. Die aus kriegs-
psychologischen Gründen durchgeführte Rücksichtnahme des Staates auf alle
Arten von organisierten Vertretungen der großen Massen führte zu einer Stärkung
der Stellung der Konsumvereine, die es durchsetzten, in der Versorgung der Bevölkerung mit dem Einzelhandel auf dem Fuße gleichen Rechts behandelt zu werden. Als eigentliche „Mittelstandspolitik" des Staates und der Gemeinden während
des Krieges ist wohl die Tatsache anzusprechen, daß der Händler überhaupt in
dem durch die Verhältnisse noch ermöglichten Umfange zur Versorgung der Bevölkerung herangezogen wurde. In der allgemeinen Unsicherheit der Verhältnisse
war darin wenigstens eine Grundlage der Existenzsicherung gegeben. Schon
die Tatsache der Verfügung über irgendwelche Güter schlechthin bedeutete
während der Warennot des Krieges eine Vergünstigung, die sich in mancherlei
Weise ausnützen ließ, um in der Form des „Naturaltauschs" (Ware gegen Ware,
vor allem gegen Lebensmittel des warensuchenden Bauern) sowohl der eigenen
Versorgung zu dienen, als auch allerhand „Geschäfte unter der Hand" zu machen.
Auf diese Art und Weise hat der Einzelhandel während des Krieges nicht am
schlechtesten abgeschnitten. Manche Hausfrau hat sich allerdings in der Notzeit
gegen den Kleinhändler, der es nicht mehr für nötig erachtete, auf die Art der
Behandlung großen Wert zu legen, weil ihm die Kundschaft ja mehr wie sicher
war, verschworen.

Die Zeit nach dem Kriege kennzeichnet das Schwinden der staatlichen, überhaupt der öffentlichen Macht und damit auch das allmähliche, aber sichere Aus-
weichen des Klein- und Einzelhandels vor allem, was ihn in seiner Tätigkeit ein-
schränken konnte. Der Hunger nach Waren einerseits und das Schwinden der
öffentlichen und privaten Moral andererseits bedeutete für den Händler lange Zeit
eine Periode der Blüte, wie er sie nie vorher gekannt. Ein Rückschlag trat erst ein,
als die Geldentwertung in Sprüngen vor sich ging und solange die Recht-
sprechung wie die Behörden sich Verkäufen der Waren auf der Basis des Wieder-
beschaffungspreises widersetzten. Eine Lösung zugunsten des Kleinhändlers, der
der Plünderung wie überhaupt der Wut des Volkes am ersten anheimfiel, wurde
im allgemeinen dadurch gefunden, daß ihm die Berechnung auf Grund von festen
Grundzahlen und einem, dem jeweiligen Geldstande entsprechenden Multiplikator
gestattet wurde. Der Kampf gegen die Reste der Zwangswirtschaft und gegen die
Wuchergesetzgebung füllt fast die gesamte Tätigkeit der mittelständlerischen
Verbände nach dem Kriege aus[1]). Nachdem manche früheren Programmpunkte der
Mittelstandsbewegung durch die Entwickelung völlig überholt worden waren, wie
z. B. die Sonderumsatzsteuer gegen Warenhäuser und Konsumvereine durch
Einführung der allgemeinen Umsatzsteuer im Jahre 1919, fochten nicht selten
Groß- und Kleinbetriebe des Detailhandels Seite an Seite miteinander auf dem
vorgenannten Gebiete. Die Einzelhändler haben in dieser Zeit auch das Mittel
des Streiks und der „Arbeitsstreckung" durch Kürzung der Verkaufszeit für
sich in Anwendung gebracht. Die gesamte Entwickelung in der Organisation des
Einzelhandels ist straffer geworden. Heute haben die Detaillisten nicht bloß ihre
von den Behörden anerkannte „Spitzenorganisation" in der „Hauptgemein-
schaft des Einzelhandels", die bald nach der Revolution gegründet
wurde und sich, außer auf den mehrfach erwähnten Gebieten, im Sturmlauf gegen

---

[1]) Dies gilt namentlich auch, wie beim Handwerk, für die Zeit nach Zusammenbruch des
Ruhrkampfes, als die Regierung Luther Maßnahmen zur Herabminderung der allzu großen
Spanne zwischen Erzeuger- und Verkaufspreisen ins Auge faßte. Die Preisabbauaktion verlief
fast völlig im Sande.

die Konsumvereinsbewegung betätigte, die man nicht nur um jede steuerliche Bevorzugung zu bringen suchte, sondern auch um die Kredite, die ihnen Reich und Staat gewährt haben und gewähren, die sodann ferner gegen die Politik der Kartelle anlief. Vielmehr vertreten heute auch starke Reichsorganisationen der einzelnen Branchen die Interessen des Einzelhandels mit merkbarer Wucht. Namentlich soweit die S o z i a l i s i e r u n g u n d K o m m u n a l i s i e r u n g drohte und damit die bisherige Selbständigkeit des Kleinhandels in Frage gestellt wurde, hat man allenthalben dichter und dichter die Reihen geschlossen. Aber auch gegenüber den Kartellen der Produzenten hält, wie gesagt, der Einzelhandel in seinen Organisationen scharfe Wacht. Unter den großen Fachverbänden ragt besonders hervor der „R e i c h s b u n d d e s T e x t i l e i n z e l h a n d e l s", der eine ganze Anzahl von besonderen „Fachverbänden" als Körperschaftsmitglieder in sich schließt, unter anderem den „Reichsverband für Damen- und Mädchenbekleidung", den „Reichsverband für Herren- und Knabenbekleidung", den „Verband deutscher Wäschegeschäfte und Wäschehersteller", den „Verband deutscher Waren- und Kaufhäuser" usw. Daraus ergibt sich somit in vielem eine Frontänderung gegenüber früher, wie die bloße Aufzählung der Namen erkennen läßt. Selbst Produzentenverbände sind in dem „Reichsbund" vertreten, aber auch einige Selbsthilfeorganisationen des Einzelhandels, wie Einkaufsverbände usw. Die Konsolidierung des Organisationswesens des Einzelhandels schreitet rasch voran. Dabei haben die Schwierigkeiten der Zeit, vor allem nach Eintritt eines durchgreifenden Steuersystems zur Rettung der Währung, haben die Preiskontrollmaßnahmen usw. auch die örtlichen Zusammenschlüsse wesentlich gefördert, so daß heute vielfach von einem lückenlosen Zusammenschluß geredet werden dürfte. Geschlossen organisiert sind auch die sogenannten H a n d e l s s c h u t z - und R a b a t t s p a r v e r e i n e.

Alles in allem steht der Einzelhandel gerüstet da wie nie zuvor und seine Vertreter sind überaus rührig. Nur kann eben von einer Mittelstandspolitik im Sinne einer s c h ö p f e r i s c h e n Betätigung im Einzelhandel selber heute nicht die Rede sein, wofür freilich in weitem Umfange die Unruhe und die Gestaltlosigkeit unserer Verhältnisse als Entschuldigung herangezogen werden kann. Das „Mittelständische" ist hier weit mehr als im heutigen Handwerk r e i n sozial, im Sinne einer sozialen F o r d e r u n g, zu verstehen: als Postulat eines besonderen Schutzes um der Erhaltung selbständiger Existenzen willen. Wie lange sich dazu bei dem allgemeinen Niedergange überhaupt noch Raum finden wird, läßt sich einstweilen gar nicht absehen. Die Erhaltung eines selbständigen Mittelstandes im Kleinhandel ist der Natur der Sache nach gegenüber allen, die wirkliche Kapazität der Wirtschaft berücksichtigenden planwirtschaftlichen Maßnahmen, von denen das niedergebrochene Deutschland ganz gewiß nicht verschont bleiben wird, schwer durchzuführen, zumal, wie schon erwähnt, der Kleinhandel von heute in den großen Massen des Volkes recht wenig Freunde hat. Auch ist es schwer, sich dem Eindruck zu verschließen, daß dieser Zweig des Mittelstandes sich zu einer entschiedenen Förderung der eigenen Produktivität nicht aufzuraffen vermag. So standen beispielsweise die vom Deutschen Verband für das kaufmännische Bildungswesen einberufenen Hauptversammlungen der Jahre 1925 und 1926 beide großenteils im Zeichen der Abwehr gegen die „unmittelbare und mittelbare Belastung durch die Berufsschulpflicht". Demgegenüber kann die erklärte Bereitwilligkeit zur Einführung eines „freiwilligen Befähigungsnachweises" kaum anders als skeptisch stimmen.

C. Sonstige Mittelstandsgruppen.

In den Mittelstand, sei es daß man diesen Begriff wirtschaftlich-sozial, sei es daß man ihn kulturell-sozial auffaßt, schiebt sich noch eine Anzahl von Gruppen hinein, deren mittelständischer Charakter noch schwerer als bei den bisher be-

handelten Gruppen abzugrenzen ist. Von einer Mittelstands p o l i t i k ist für
sie entweder überhaupt noch nicht oder aber erst in bescheidenen Ansätzen die Rede.

a) Die Grund- und Hausbesitzer.

Offiziell in die Reihen des Mittelstandes aufgenommen ist seit Errichtung der
„Deutschen Mittelstandsvereinigung" die Gruppe der Grund-
und Hausbesitzer, von denen auf der Generalversammlung der genannten Vereinigung im Jahre 1911 festgestellt wurde, daß sie „eine wertvolle bodenständige
Klasse des Mittelstandes" bilden. Der Zusammenschluß der Grund- und Hausbesitzer ist in der Hauptsache ein Erzeugnis oder aber ein Mittel der Abwehr der
gesetzlichen Bestimmungen und vornehmlich der Besteuerungen, denen der Besitz
von Grundstücken und von Wohnhäusern in dem Maße namentlich der Groß-
stadtentwickelung ausgesetzt war. In mancher Hinsicht ist ihr Zusammenschluß
eine ausgesprochene Gegenwehr gegen die Bestrebungen der Bodenreformer.
Hierauf weist vor allem die Einstellung des in B e r l i n gegründeten „S c h u t z-
v e r b a n d e s f ü r G r u n d b e s i t z u n d R e a l k r e d i t" hin, dessen
eigene Beilage zum „roten" „Tag" den Kampf gegen die Bodenreform systematisch betreibt. Die Zwangswirtschaft des Krieges und der Nachkriegszeit mit
ihrem M i e t e r s c h u t z, die die Stellungnahme der Grund- und Hausbesitzer
aufs äußerste zugespitzt, zugleich aber auch, wegen der unleugbaren Kluft zwischen
der Entwickelung der Einkommen und jener des Anteils der Wohnungsmieten sowie
ferner zwischen den Notwendigkeiten und Möglichkeiten der Erhaltung und Er-
neuerung der Wohnungen, dieser Stellungnahme der Grund- und Hausbesitzer
einen gewissen Stützpunkt in der öffentlichen Meinung verliehen. Dem steht
freilich auf der anderen Seite die Tatsache gegenüber, daß der Hausbesitz in der
ersten Reihe der von den Inflationsgewinnen Begünstigten steht, weil er Gelegenheit hatte, alle in früherer Goldmark aufgenommenen Hypotheken usw. in
entwerteter Papiermark abzustoßen. (Die Frage der „Aufwertung", obschon sie
bereits eine gesetzliche Regelung fand, befindet sich bei der Niederschrift dieser
Zeilen noch im Stadium heftigster Kontroverse.)
Ob man den Abbau der Zwangswirtschaft „Mittelstandspolitik" im Sinne
der Grund- und Hausbesitzer nennen soll, ist am Ende Geschmacksache. Sieht
man von den Bemühungen um eine Reform des Realkredits ab, so hat jedenfalls
das organisierte Grund- und Hausbesitzertum an „schöpferischer" Politik bisher
nahezu alles vermissen lassen. Die Schmarotzerrolle, die ein großer Teil der Hausbesitzer in den Großstädten nachweisbar spielte, indem die Betreffenden vielfach
nur Mittel für die Grundstücksspekulanten waren, um deren auf die Ueberschätzung
der Grundstückswerte aufgebaute Spekulation glücklich durchzuführen, hat
jedenfalls mit mittelständischem Wesen im tieferen Sinne recht wenig zu tun,
und von einer „Selbständigkeit", die als sozial-kultureller Wert zu wahren wäre,
kann da auch nur zu einem geringen Teil die Rede sein. — Die örtlichen Haus-
und Grundbesitzervereine sind zu einem „Z e n t r a l v e r b a n d d e r s t ä d t i-
s c h e n H a u s- u n d G r u n d b e s i t z e r v e r e i n e D e u t s c h l a n d s"
zusammengeschlossen.

b) Die freien Berufe.

Zum Mittelstand werden vielfach gezählt und rechnen sich auch wohl selber
gelegentlich die freien Berufe, richtiger: bestimmte Schichten derselben. Namentlich die jetzige Zeit denkt mit einer gewissen Vorliebe an die freien Berufe, wenn
von dem „sterbenden Mittelstand", als von einem Kernstück des verdorrenden
Bürgertums und dem vornehmsten Träger der deutschen Kultur, die Rede ist.
Eine Aufzählung der hierzu gehörigen Kategorien umfaßt etwa: Schriftsteller,
Journalisten, Volkswirte, Privatlehrer, Gelehrte, Forscher, Privatdozenten, Dich-

ter, Künstler, Maler, Bildhauer, Musiker, Komponisten, Dirigenten, Theater-
direktoren, Schauspieler, Architekten, Zivilingenieure, Techniker, Chemiker,
Aerzte, Zahnärzte, Tierärzte, Rechtsanwälte, Notare, Berufspolitiker und -Parla-
mentarier. Die Aufzählung macht auf Vollständigkeit keinen Anspruch, gibt
aber genugsam zu erkennen, daß die Verbindung dieser Schichten mit dem früher
behandelten Mittelstand hergestellt wird durch Voraussetzung eines „mittleren"
Einkommens sowohl als auch der „Selbständigkeit", wenn auch mehr im übertragenen Sinne: das Wort „frei" deutet weniger die äußerliche selbständige Stellung als das innere Wesen an. „Frei ist der Beruf, der frei geübt werden muß,
damit Kultur frei werde; d. h. in unbedingter, auf sachliche Arbeit bedachter Hin-
gabe an den absoluten Wertgedanken, dem das Schaffen dient; unabhängig von
den störenden Mächten und Trieben drinnen und draußen" (F e u c h t w a n g e r).
Die Angehörigen der freien Berufe sind geistige Arbeiter. In normalen Zeiten
hatte sich sicher ein großer Teil derselben weit von der Existenzgrundlage entfernt, die für allen Mittelstand mehr oder weniger typisch war. Dennoch ließ sich
auch schon vor dem Kriege eine Entwickelung feststellen, die in großen Zügen einen
gewissen Ausgleich der Verhältnisse deutlich machte und zwar in Annäherung
an die durchschnittlichen Verhältnisse des gewerblichen Mittelstandes. Ein
(nicht untrügliches) Anzeichen dafür ist die steigende Organisation dieser Gruppen,
die stellenweise, wie bei den Aerzten, von einer außergewöhnlichen Straffheit
und Schlagkraft zeugte. Es bedarf indessen nachdrücklicher Betonung, daß diese
Art von Organisationen, soweit sie bestanden, Berufsorganisationen im engeren
Sinne und jedenfalls weder ihrer Zielsetzung noch ihrer Struktur nach Mittel-
standsorganisationen waren. Eine Mittelstandspolitik wurde von ihnen weder
erstrebt noch ist eine solche jemals von öffentlichen Körperschaften zu ihrem
Besten als Mittelstandspolitik eingeleitet worden. Erst die Zeit nach dem Kriege
und der Revolution geht neue Wege. Ein Teil der freien Berufe betreibt und
erstrebt durch ihre Organisationen und durch ihren Aufruf an Staat und Gemeinde
ausgesprochene Mittelstandspolitik. Andere Kategorien dagegen reihen sich bewußt in die Arbeitnehmerbewegung ein und streifen ebenso bewußt alles
„Mittelständische" als Hemmnis ab.

Ein gewisser Rückgang der Verhältnisse der freien Berufe war schon vor
dem Kriege durch die Ueberfüllung namentlich bestimmter Schichten derselben
zu verzeichnen. Die rasende Geldentwertung aber und die nachfolgende Sta-
bilisierungskrise drängten die Möglichkeit literarischen, künstlerischen und wissenschaftlichen Schaffens immer weiter zurück. Der Rückgang wird noch ver-
schärft durch die vorwiegend materielle, wenn nicht materialistische Einstellung
der Zeit, die an die Stelle der früheren Unterschätzung eine Ueberschätzung
der körperlichen Arbeit setzte. Dazu kommt als weiteres verschärfendes Moment jene Folge der „Mechanisierung" unseres Arbeitens und Denkens, die sich
in dem Zurückdrängen der Persönlichkeit durch die Masse zu erkennen gibt.
Alles dieses gestaltet die Aussichten einer Mittelstandspolitik für die freien
Berufe durchweg recht trübe. Eine Kontingentierung im Sinne der Aufrichtung
eines numerus clausus lehnen sodann die Beteiligten selber durchweg als voll-
kommene Verkennung der I d e e der „freien Berufe" ab. Alles andere aber,
was bisher unternommen und eingeleitet wurde, wie etwa die Unterbringung von
erwerbslosen arbeitsfähigen Angehörigen der freien Berufe in staatlichen oder
städtischen Stellen als Ersatz für die dort tätigen jungen unverheirateten Arbeits-
kräfte, ist ein Notbehelf und hat mit Mittelstandspolitik im eigentlichen Sinne
nichts zu tun. Soweit nicht überhaupt ein Kampf der Weltanschauungen und damit ein Kampf um Sein oder Nichtsein bestimmter Schichten der geistigen Arbeit vorliegt, vermag wohl nur die Selbsthilfe eine gewisse Erleichterung zu
bringen. Es ist aber sehr die Frage, ob diese sich in allen Fällen gerade „mittel-
ständisch" einstellen wird. Bestimmte Schichten mögen durch ihre Bewußtseins·

lage dahin geführt werden, wie das neuere Zusammengehen derselben mit der allgemeinen Mittelstandsbewegung dartut ¹). Andere Schichten dagegen sind, wie gesagt, entschlossen, ihre Kampffront weiter zu verlegen. Beweis dessen ist der im Jahre 1923 zu Berlin abgehaltene 1. Reichskongreß der deutschen geistigen Arbeiter, der sich nicht entschließen konnte, die Einladung zu dem für den September in Bern geplanten internationalen Mittelstandskongreß anzunehmen. Die auf dem ersten Reichskongreß der deutschen geistigen Arbeiter vertretenen Angehörigen der freien Berufe sahen es als ein ihnen zugefügtes „logisches und soziales Unrecht" an, daß man sie als Angehörige des Mittelstandes bezeichne. Indem sie zur Reichsgewerkschaft deutscher geistiger Arbeiter zusammentraten, suchen sie Anschluß an die große Masse der Arbeitnehmer. Diesen Schritt vollzogen unter anderm der Verband der Dentistinnen, der Verband der Bücherrevisoren, der Verband der Naturheilkundigen und jener der Handelsanwälte. Andere Gruppen zählen sich schon längere Zeit zu dieser Arbeitnehmerbewegung, die den Kampf gegen den Kapitalismus als System aufgenommen hat, namentlich die Genossenschaft deutscher Bühnenangehöriger und die Deutsche Artistenloge. Beide Verbindungen gehören dem Afabund (Allgemeiner freier Angestelltenbund) an, dessen Zwecksetzung von den gleichen Grundlagen ausgeht wie jene der freien Gewerkschaften. Manche Gruppen geistiger Arbeiter, namentlich Schriftsteller, beteiligen sich folgerichtig denn auch an einem Neuaufbau des allgemeinen Arbeitsrechts und des Arbeitsvertrags, weil sich ihre Angehörigen, wenn sie auch nicht förmlich angestellt sind, als eine Art von Arbeitnehmern fühlen. In anderer Art wiederum stützen jene Architekten die antikapitalistische Arbeiterbewegung, die sich mit den Arbeitern und Angestellten des Baugewerbes zu einem „Industrieverband" der Hand- und Kopfarbeiter zusammentun wollen.

c) Die Kleinrentner.

Als Anhängsel einer Mittelstandspolitik kann die Fürsorge für die infolge der Geldentwertung in Not geratenen Kleinrentner angesprochen werden. Die Kleinrentner waren, ihrer früheren Lage entsprechend, in ihren Anschauungen völlig auf den Mittelstand eingestellt. Ihre jetzige Notlage hat sie zu Rentnerbünden zusammentreten lassen, die sich um die Erhaltung der Existenzgrundlage ihrer Mitglieder bemühen. Nachdem einige kleinere Staaten mit entsprechenden Verordnungen vorangegangen waren, besteht seit dem Reichsgesetz vom 4. Februar 1923 eine gesetzliche Verpflichtung der Gemeinden zur Durchführung einer Kleinrentnerfürsorge. Diese Fürsorge besteht in Unterstützungen aller Art, von der Zuweisung einmaliger Geldbeihilfen bis zur Lieferung billiger Lebensmittel und Heizstoffe und zur Errichtung von Mittelstandsküchen und Rentnerwärmestuben. Vielfach ist den Kleinrentnern eine Altersversicherung geboten worden, oder aber es wurden laufende Unterstützungen dadurch mittelbar gewährt, daß die Leibrente aus den mit dem Staate abgeschlossenen Leibrentenverträgen durch öffentliche Zuschüsse erhöht wurde. Eine umfassende Uebersicht über die verschiedenen Arten der Unterstützung und Hilfeleistung bietet eine Denkschrift des Reichsarbeitsministeriums (Reichsarbeitsblatt Nr. 11, Jahrgang 1923). In das Produktionsleben greift die Fürsorge besonders durch die Errichtung von Heimarbeitsvermittlungen ein. Von Mittelstandspolitik kann natürlich angesichts dieser Maßnahmen nur im übertragenen Sinne gesprochen werden: die Kleinrentnerfürsorge wird zu einem Teil der sozialen Fürsorge im allgemeinen Sinne; sie wurde noch mehr wie diese durch das unaufhaltsame Fortschreiten der Geldentwertung immer stärker in Frage gestellt, soweit sie nicht überhaupt schnell

¹) In diesem Sinne betätigt sich neuerdings insbesondere das Schutzkartell deutscher Geistesarbeiter.

vorübergehender Natur war [1]). Das Kriterium des Schöpferischen ist ihr notwendigerweise versagt.

D. Allgemeine Mittelstandsvereinigungen.

Schon längere Zeit vor dem Kriege hatte der Gedanke des Zusammenschlusses von Handwerk und Kleinhandel, zum Zwecke einheitlicher Interessenvertretung, zur Errichtung von gemeinsamen Mittelstandsvereinigungen geführt. Die Mittelstandsvereinigungen erwuchsen an den verschiedensten Stellen und in der verschiedensten Form. Als eine Sammelorganisation ist der „R e i c h s d e u t s c h e M i t t e l s t a n d s v e r b a n d" anzusprechen. Ein wirklich durchgreifendes Vorgehen kam jedoch nur selten zustande, dank der großen Zersplitterung, die immer wieder lähmend wirkte. Der Reichsdeutsche Mittelstandsverband blieb übrigens in der Hauptsache auf Sachsen, Braunschweig und Rheinland-Westfalen beschränkt. Der „H a n s a b u n d" und die Bestrebungen zur Gründung einer eigenen p o l i t i s c h e n M i t t e l s t a n d s p a r t e i verschärften diese Zersplitterung noch, weil sie sich auch um die Angehörigen des sogenannten n e u e n Mittelstandes bemühten und so, gewissermaßen als Bestrebungen zur Lösung der Quadratur des Zirkels, die Einheitlichkeit völlig in Frage stellten. (Als „Partei des Mittelstandes" tritt wohl auch die „Wirtschaftspartei" auf, die in dem Ende Dezember 1924 gewählten Reichstag, um zur Fraktionsbildung zu gelangen, sich mit den Abgeordneten des bayerischen Bauernbundes und der Deutsch-Hannoveraner zusammengetan hat, ein recht wenig homogenes Gebilde, dessen Glieder denn auch bei jeder ernsteren Gelegenheit auseinanderstreben.) Für das Gebiet des alten Mittelstandes setzte sich der „I n t e r n a t i o n a l e V e r b a n d z u m S t u d i u m d e s M i t t e l s t a n d e s" ein, der vor dem Kriege verschiedene Kongresse abhielt (1905 in L ü t t i c h, 1908 in W i e n, 1911 in M ü n c h e n), von denen der letztere in Deutschland eine größere Rolle gespielt hat. Wegweisendes ist indes für die Mittelstandspolitik nicht herausgekommen, da sich der Kongreß damit begnügte, die einzelnen Forderungen der verschiedenen ihm angeschlossenen Gruppen einzeln zur Geltung zu bringen. Die programmatischen Darlegungen des Vorsitzenden, des bekannten Münchener Univ.-Prof. Dr. v. M a y r, umreißen den „Mittelstand" und die Mittelstandspolitik nach der üblichen vorwiegend sozialen Richtlinie. v. M a y r geht von der Beeinflußbarkeit der wirtschaftlichen und der gesamten sozialen Entwickelung durch menschliches Wollen aus, entsprechend der konkreten geschichtlichen Erfahrung aller Zeit. Dabei kommt er zu folgenden Schlußfolgerungen:

„Diese (geschichtliche Erfahrung) zeigt, daß die jeweilige soziale Entwickelung ausschlaggebend von dem menschlichen Wollen beeinflußt worden ist, das in gesellschaftlich wirksamer Weise im autonomen Streben der Gesellschaftsschichten und in der Einflußnahme der öffentlichen Gewalt auf das Geschick dieser Schichten und ihre Beziehungen zueinander zur Geltung gekommen ist. Nicht menschlich unbeeinflußbare Naturgesetze sind in Frage, sondern menschlich innerhalb gewisser Grenzen beeinflußbare S o z i a l g e s e t z e. Von besonderer Bedeutung für die Richtung zielbewußter Beeinflussung der sozialen Entwickelung sind jene Aufgaben, bei denen es sich darum handelt, den harmonischen Aufbau der Gesell-

---

[1]) Bezüglich des Standes Mitte 1926 ergibt sich aus einem Erlaß des preußischen Ministers für Volkswohlfahrt, daß, ausweislich des Ergebnisses einer Rundfrage, die nach dem Tiefstand der Geldentwertung und dann wieder im Zusammenhang mit der „Reinigungskrise" angestrebte Besserstellung der notwendigerweise in den Hintergrund gedrängten Kleinrentner gegenüber andern Hilfsbedürftigen im allgemeinen erreicht sei, daß aber die U n t e r s t ü t z u n g s b e t r ä g e selbst bei manchen Fürsorgeverbänden noch zu n i e d r i g seien. Dies gelte insbesondere für die Unterstützung der Kleinrentner in den l ä n d l i c h e n Bezirken. Eine Zuweisung von Arbeit als Mittel der Fürsorge soll besonders bei alten und weniger erwerbsfähigen Kleinrentnern nur dann in Frage kommen, wenn ihnen die Arbeit unter Berücksichtigung ihrer früheren Lebensverhältnisse zugemutet werden könne, desgleichen ihre Kräfte nicht übersteige. Eine Verpflichtung zur Rückzahlung der Fürsorgeleistung und die Bestellung von Sicherheiten hierfür seitens der Kleinrentner könne lediglich in Ausnahmefällen verlangt werden.

schaft selbst vor zersetzenden Einflüssen nach Möglichkeit zu bewahren. Wohl gibt es Vorzüge der technischen und wirtschaftlichen Entwickelung, die mit einer gewissen elementaren Urgewalt an dem überkommenen sozialen Aufbau rütteln und die gewisse Veränderungen dieses Aufbaus bedingen. Immer aber muß es dabei Aufgabe allen menschlichen Eingreifens sein, in Anpassung an die technische und wirtschaftliche Entwickelung e i n e s aufrecht zu erhalten, das ist, wie bereits erwähnt, der harmonische Aufbau der Gesellschaft sowohl nach der gesamten Gestaltung der Wohlstandsverhältnisse als nach der Ausgestaltung der selbständigen verantwortlichen Beteiligung der Glieder der Gesellschaft an der wirtschaftlichen Produktion jeglicher Art.

Nach der ersteren Richtung erstrebt eine gesunde Sozialpolitik die harmonische Ausgestaltung der Wohlstandspyramide unter Verbesserung der Wirtschaftslage auch der unteren Schichten, unter Aufrechterhaltung einer kräftigen Schicht der in mittleren Wohlstandsverhältnissen Befindlichen und unter Zulassung einer in noch günstigeren Wohlstandsverhältnissen befindlichen oberen Schicht — dabei unter Wahrung der Aufsteigemöglichkeit von geringerem zu höherem Wohlstand. In dieser harmonischen Differenzierung der Wohlstandsverhältnisse stellt sich uns die wohlgeordnete Beschaffenheit der Wohlstandspyramide dar. Die Zertrümmerung der mittleren Wohlstandsschichten würde ein Zerrbild des sozialen Aufbaues der Bevölkerung nach dem Wohlstand liefern.

Auf einer ähnlichen Differenzierung der aktiven verantwortlichen Beteiligung an der Produktion und dem Handel baut sich auch die harmonische P r o d u k t i o n s - o d e r U n t e r n e h m u n g s g e s t a l t u n g in der Volkswirtschaft auf. Die Unternehmungsgestaltung darf nicht bloß in einer einseitigen Konzentration bei einer Minderzahl größter als Machtorganisationen in die Erscheinung tretender Unternehmungen verwirklicht werden; diesen zur Seite muß vielmehr eine breite Schicht wirtschaftlich selbständiger kleiner und mittlerer Unternehmer in Landwirtschaft, Gewerbe und Handel verbleiben — damit nicht das Zerrbild zur Verwirklichung komme, daß einer verhältnismäßig kleinen Zahl von Riesenunternehmungen kein weiterer selbständiger Unternehmer, sondern nur die ungeheure Schar von jenen Unternehmungen abhängiger Lohnarbeiter in zahlreichen Betätigungs- und Entlohnungsabstufungen gegenübersteht. Auch hier ist es eine Kulturaufgabe, den harmonischen Aufbau der Unternehmungsgestaltung im Anschluß an das geschichtlich Gewordene unter Anpassung an die veränderten allgemeinen technischen und wirtschaftlichen Zustände zu wahren. Wenn auch nicht zu leugnen ist, daß mit der Erweiterung der Großbetrieblichkeit aus der Schicht der Arbeitenden mehr und mehr als bedeutungsvoll die Sonderschicht der wirtschaftlich günstiger gestellten Angestellten sich abhebt, die im Sinne der Mittelstandsschichtung mit einer gewissen Berechtigung sich als den n e u e n Mittelstand bezeichnen, dem gegenüber der a l t e Mittelstand im einzelnen sogar manche Interessengemeinschaft haben kann, so bleibt doch die entscheidende Frage nicht jene der individuellen Wohlstandsgestaltung allein, sondern jene der Wahrung einer maßgebenden persönlichen selbständigen Aktion auf dem Gebiete der produktiven Tätigkeit. Diese allein erzeugt die soziale Befriedigung des wirtschaftlich S e l b s t ä n d i g e n , wenn auch im einzelnen bei dieser Aktion in steigendem Maße nicht mehr bloß das Prinzip des Individualismus, sondern jenes des zielbewußten Zusammenschlusses Gleichgestellter zu produktiven Zwecken unter wohlwollender Beihilfe der öffentlichen Gewalt maßgebend wird." (Bericht S. 24 f.)

Auch diese Ausführungen, im Kern nichts anderes als die in diesen Dingen üblich gewordene petitio principii, halten sich innerhalb des Rahmens der sozialen Forderungen, ohne daß nun die Forderungen durch Uebertragung einer b e s o n d e r e n F u n k t i o n von umfassender Bedeutung für das gesamte Gemeinwesen gestützt würden. Damit kommt man schließlich in Zeiten ruhiger Wohlstandsentwickelung aus, nicht aber dann, wenn, wie jetzt, der Sturm der Auflösung wütend durch die Lande fährt und respektlos mit allen gewohnten Beziehungen und Verhältnissen aufräumt. Die sozialen Forderungen litten im übrigen sehr daran, daß man vielfach für sich in Anspruch nahm, was anderen geweigert wurde. Ein Mittelstand, der, wie es vor und nach dem Kriege geschah, die bestehende Sozialpolitik in vielem bekämpfte, stellt dadurch gesellschaftliche Elemente in Frage, auf die er sich selber stützt und stützen muß, wenn anders ihm die eigene Zukunft lieb ist. Mittelstandspolitik, wie sie sich aus den Ausführungen v. M a y r s ergibt, kann am allerwenigsten im luftleeren Raum betrieben werden, sondern setzt eine soziale Gesamtpolitik voraus, in der gerade sie nach den immer wieder berufenen Gesetzen der Harmonie ihren Platz einzunehmen hätte [1]).

Eine andere, nach der Revolution entstandene Gesamtorganisation, der „G e s a m t v e r b a n d d e s c h r i s t l i c h e n M i t t e l s t a n d e s" (K ö l n) hat seine Lebensfähigkeit noch erst zu beweisen, zumal nach der Absplitterung, die sich schon bald am Orte seines Sitzes selber ergab. In diesem Verband spielen die freien Berufe eine größere Rolle, als es sonst bisher meist üblich war, ein Umstand, der die neue Lage der Dinge deutlich zu erkennen gibt. Der „Gesamtverband" will eine wirtschaftspolitische (nicht parteipolitische) Zusammenfassung aller christlichen Bürger des Mittelstandes sein und eine Front gegen die Sozialdemokratie bilden. So dient er der Abwehr der Bestrebungen zur Sozialisierung und Kommunalisierung, wie dem Kampf gegen die Zwangswirtschaft überhaupt. Dadurch ist er notgedrungen in ein immer stärkeres rein politisches Fahrwasser gedrängt.

Bedeutsamer ist die vielfach vor sich gegangene Bildung von ö r t l i c h e n Mittelstandsvereinigungen (M i t t e l s t a n d s k a r t e l l e), die zwar ebenfalls in der Hauptsache dem vorerwähnten Abwehrkampf gegen alles Zwangswirtschaftliche ihre Entstehung verdanken, jedoch durch die Wucht der Tatsachen nicht selten zu ausgreifender positiver Arbeit gedrängt worden sind. Es ist nicht uninteressant, daß diese örtliche Zusammenfassung zu der gleichen Zeit vor sich geht, wie die Bildung von sogenannten W i r t s c h a f t s s t e l l e n sowohl des Handwerks als des Einzelhandels, d. h. von solchen Organisationsgebilden, die eine Zentralisation des Einkaufs und (für das Handwerk) der Arbeitsvermittlung über einen größeren Bezirk hin (z. B. das Land B a d e n) durchführen und sich so fühlbar machen, daß beispielsweise der badische Einzelhandel gegen die Landeswirtschaftsstelle für das badische Handwerk den Vorwurf der Schädigung des Handels erhob. Damit tritt immer wieder das Moment der Verschiedenartigkeit der Interessen in die Erscheinung, das der Gemeinschaftsarbeit an einer gewissen Grenze an sich hindernd in den Weg stellt. Immerhin hat der örtliche Zusammenschluß eine Anzahl von Neuerungen gezeigt, die höchster Beachtung wert sind. Die Bestrebungen gehen auf den Zusammenschluß sämtlicher Gruppen des handwerkerlichen und kaufmännischen Mittelstandes am Orte bei einheitlicher Verwaltungsgemeinschaft hinaus, wobei zugleich die stärkst mögliche Einflußnahme auf die K o m m u n a l p o l i t i k ein Bindemittel darstellt. Seinen sichtbaren und nicht selten imponierenden Ausdruck hat dieser Zusammenschluß in der Begründung von M i t t e l s t a n d s h ä u s e r n in verschiedenen Zentren des gewerblichen Lebens gefunden. Aus einer in Buchform erschienenen Studie über das Mittelstandshaus in B u e r ergibt sich beispielsweise als Zweck der Mittelstandsvereinigung:

„Die Vereinigung hat die Aufgabe, die Interessen des in ihr zusammengeschlossenen Mittelstandes vor allem gegenüber den Behörden nach Kräften zu vertreten, für die Aufrechterhaltung der wirtschaftlichen Selbständigkeit der Mitglieder und die Wahrung der Standesehre Sorge zu tragen. Zur Erreichung dieses Zweckes ist eine die Verwaltung führende Geschäftsstelle mit einem oder mehreren hauptamtlichen Geschäftsführern zu bilden. Die Geschäftsstelle hat die laufenden Geschäfte zu führen und die berufsfachlichen Belange der Mitglieder durch Erstattung von Rat und Auskunft, durch Abhaltung von Versammlungen usw. zu fördern."

Es handelt sich demnach einerseits um Aufgaben, welche das Mittelstandshaus als eigentliche Organisation, also als der „berufsständische" Zusammenschluß von Handwerk und Kleinhandel zur Vertretung der gemeinsamen Interessen löst

---

[1]) In der Nachkriegszeit tritt der Verband als Internationale Mittelstandsunion auf, die 1924 einen Kongreß in B e r n abhielt. Die einzelnen Länder sind darin durch Landeszentralkommissionen vertreten. Im März 1926 tagte der Rat der Union zu L u x e m b u r g , wobei sich die deutsche Landeszentralkommission durch Vertreter von Handwerk und Einzelhandel, der Haus- und Grundbesitzervereine und des Schutzkartells deutscher Geistesarbeiter beteiligte. Man beriet u. a. über Herausgabe einer gemeinsamen Zeitschrift, Vertretung auf der Weltwirtschaftskonferenz, Fühlungnahme mit der Internationalen Handelskammer.

— hierher gehören hauptsächlich Maßnahmen zur Regelung des Zahlungsverkehrs (Kampf gegen das Borgunwesen usw.), namentlich aber die Einflußnahme auf die Gestaltung kommunalpolitischer Angelegenheiten—; andererseits um Aufgaben, deren Erfüllung zwar auch dem gesamten handwerklichen und kaufmännischen Mittelstande und seinen einzelnen Gliedern zugute kommt, die aber nicht einmalig sind, sondern eine dauernde Kleinarbeit an Personen und Sachen darstellen und deren Lösung meistens durch besondere Einrichtungen des Mittelstandshauses, in diesem Falle als gemeinsamer Geschäfts- und Verwaltungsstelle, vollzogen wird — hierher gehört die Unterstützung aller angeschlossenen Körperschaften, Vereine und deren Mitglieder durch Rat und Auskunft in allen Rechts-, Geschäfts-, Versicherungs- und Steuerangelegenheiten und dementsprechend die Einrichtung und dauernde Unterhaltung einer besonderen Rechtsauskunfts-, Treuhand- und Versicherungsabteilung usw. bei der Geschäftsstelle; und endlich noch, als dritte Gruppe, um Aufgaben, welche der Verwaltungsstelle dadurch erwachsen, daß sie den einzelnen Organisationen das gemeinsame Bureau für die Erledigung ihrer Geschäftsangelegenheiten ist. Unter den finanziellen Aufgaben ragt, neben dem gemeinsamen Einziehungsamt für rückständige Forderungen, das Bemühen um die Begründung einer eigenen M i t t e l s t a n d s b a n k im engsten Anschluß an die allgemeinen Berufsorganisationen hervor, die den Bedürfnissen des Geld- und Kreditverkehrs aller mittelständischen Handel- und Gewerbetreibenden Rechnung tragen soll. (An anderen Orten sind solche Banken seit langem in Betrieb.) Auf anderem Gebiete bedeutsam ist das gütliche Schlichtungsverfahren in allen Fällen von Interessengegensätzen nicht nur einzelner Angehöriger, sondern namentlich einzelner Gruppen des Mittelstandes untereinander. Offenbar überwiegt aber die Gemeinsamkeit der Interessen in der Bearbeitung der Kommunalpolitik und dort wiederum in der Einflußnahme auf das S t e u e r w e s e n, dann auf die Gestaltung des S u b m i s s i o n s - u n d F a c h s c h u l w e s e n s, die Regelung des Arbeitsnachweises usw. Es ist anzuerkennen, daß durch solche Gründungen der Gedanke der Selbstverwaltung an Wirkungskraft außerordentlich gewinnt und einer Mittelstandspolitik greifbarere Unterlagen geschaffen werden, als es vielfach in der Vergangenheit der Fall gewesen ist.

Einer besondern kurzen Erwähnung bedarf die k a t h o l i s c h - k o n f e s s i o n e l l e M i t t e l s t a n d s b e w e g u n g, die sich um das S t ä n d e h a u s M a y e n (Rheinland) gruppiert. Anfänge dieser Bewegung sind die 1905 veröffentlichte Schrift von P. Jos. T i l l m a n n s, „Die wahre Lösung der sozialen Frage" und die 1906 erfolgte Gründung der Zeitschrift: „Ständeordnung, Zeitschrift zur Heilung unserer sozialen Uebel auf christlicher Grundlage und zur Klärung sozialer Streitfragen", deren Herausgeber der Kaufmann Th. O e h m e n in K o b l e n z war und die im Verlag der Gesellschaft der göttlichen Liebe in M a r i a - M a r t h e n - t a l b e i K a i s e r s e s c h (Rheinland) erschien. Die Seele der Bewegung wurde später und ist heute der Mayener Pfarrer Franz K i r c h e s c h und ihr Mittelpunkt ist heute, nach dem Kriege, die G e s e l l s c h a f t z u r g e g e n - s e i t i g e n U n t e r s t ü t z u n g (V e r e i n i g u n g d e r g ö t t l i c h e n L i e b e) in M a y e n. Ziel der Bewegung ist die Verselbständigung der Massen. Das Ziel soll erreicht werden, da die Heilung der sozialen Uebel durch Karitas allein ausgeschlossen ist, durch praktische Hilfeleistung an die mittleren und selbständigen Existenzen und an diejenigen, die sich selbständig machen wollen. Voraussetzung für die Durchführung ist die Begründung der Gesellschaftsordnung auf der christlichen Nächstenliebe, die j e d e n verpflichtet, z. B. den Großkaufmann zur Einschränkung seines Betriebes, den Geschäftsmann oder Handwerker zur Beschäftigung von nur einer bestimmten Anzahl von Angestellten oder Gesellen, den Käufer zum Kauf zu einem gerechten Mindestpreis beim Kleinhändler, auch wenn dieser teuer ist usw.; dann den Staat zur Unterbindung der Zwangswohlfahrt, den Beamten, der jedem Bürger ohne Rücksicht auf seine eigene Stellung Schutz für seine natürlichen Rechte gewähren muß. Die Losung ist D e z e n t r a l i s a - t i o n auf allen Gebieten. Sie soll erreicht werden durch A u f b a u v o n B e - r u f s s t ä n d e n auf der Grundlage der angedeuteten Be- und Einschränkung, sowie ferner von sozialen B r u d e r s c h a f t e n mit gemeinschaftlichen Andachts- übungen, durch Unterstützung der Glaubensgenossen und namentlich durch den Aufbau der gesamten Gesetzgebung auf dem Fundamente des N a t u r g e s e t z e s wie des N a t u r r e c h t s. „Das Festhalten des Naturrechts und der Aufbau auf demselben ist heute das Schibboleth jeder sozialen Reform.“ Nicht aus- gleichende Gerechtigkeit ist es, worauf es ankommt, sondern ausgleichende Wohl- fahrt. Darum werden bekämpft die Gewerbefreiheit, die Gütertrennung, der gesamte Versicherungszwang und die Zwangsschiedsgerichte, der Schulzwang, der Impfzwang; in gewisser Hinsicht auch der Steuer- und Zollzwang sowie der Wehrzwang. Die Frage, ob es denn nicht unvernünftig sei, gegen die Ersetzung der Handarbeit durch Maschinenarbeit zu klagen, beantwortet K i r c h e s c h in Nr. 7 seiner Zeitschrift vom Juli 1923 wie folgt:

„Doch, und das tun wir auch nicht. Auch wir fassen das Gotteswort im Para- diese, daß der Mensch über die Erde herrschen soll, auf als ein Gebot des allge- meinen Kulturfortschrittes, wozu auch der technische Fortschritt gehört. Aber dieser, nämlich der technische Fortschritt, darf nicht im Gegensatz stehen zu dem g a n z e n Kulturfortschritt, sonst bedeutet er Rückschritt. Es ist ja sehr leicht möglich und in unserer Zeit Tatsache, daß man sich von technischen und wirtschaft- lichen Errungenschaften gar sehr täuschen läßt und, mit einem ganz materiellen Maßstabe messend, wegen einer Menge von technischen Erfindungen und Neuerungen von einem Kulturhochstande spricht, obschon die eigentlichen geistigen Kenn- zeichen von Kultur: Religion, Freiheit, Recht, Wissenschaft und Kunst, eher Tief- stand als Hochstand aufweisen. Es darf nie materielle technische Kultur (wenn man hier überhaupt von Kultur reden kann) mit dem ganzen Inbegriff von Kultur verwechselt werden. Ja der materielle technische Fortschritt kommt bei dem wahren Kulturfortschritt erst an l e t z t e r Stelle. Liegen aber in dem sogenannten Fort- schritt der Technik und Wissenschaft sogar U r s a c h e n für den Rückschritt in Religion, Freiheit, Recht, Wissenschaft und Kunst — dann ist es heller Unsinn, überhaupt von einem wahren Fortschritt zu sprechen.
Ist aber der Menschenwille beherrscht von der Vernunft und den Geboten Gottes, richtet er sich pflichtgemäß auch im Wirtschaftsleben nach dem christlichen Gebot der Nächstenliebe, dann wird dieser Wille gerade mit Hilfe der Technik die Wirtschaft so beeinflussen, daß die Selbständigkeit erhalten und erbreitert und das möglichst große irdische Glück der möglichst großen Masse gesichert wird. Dann wird die d e z e n t r a l i s i e r t e Gütererzeugung, welche ganz allein den Nährboden für die christliche Familie, christliche Ordnung und Sitte sein kann, Ziel und Rettung sein.“

Für die ganze Einstellung der „Gesellschaft zur gegenseitigen Unterstützung“ ist charakteristisch ein Aufruf vom Juni 1923, in dem es heißt:

„. . . dem vielen Drängen wollen wir endlich nachgeben und wollen neben unseren anderen Verwertungen auch die F l a c h s v e r w e r t u n g beginnen. Wir hoffen, daß auch dieses Beginnen zum reichsten Segen für alle Beteiligten gereicht. Mögen damit dann aber auch die frohen Stunden für unsere Landbevölkerung wiederkehren, wo Alt und Jung in trauten Winterstunden am Spinnrocken sitzend, bunte Ge- schichten erzählen, muntere Volkslieder und fromme Lieder singen. Diejenigen Mitglieder und Freunde, welche sich für den Flachsbau interessieren und sich an der ständisch aufgebauten Flachsverwertung beteiligen wollen, mögen sich baldigst unter Angabe der Größe der anzubauenden Fläche melden. Anweisung über Anbau und Pflege wird von hier aus gern gegeben werden. Desgleichen kann der Bezug der Saat zweckmäßig von hier aus übernommen werden.“

Es mögen schließlich noch einige der „Leitsätze für die Gesellschaft zur ge- genseitigen Unterstützung“ herausgeschält werden:

5. Die wahre Wirtschaftsordnung muß also derart sein, daß in und durch dieselbe der Regel nach die allgemein natürlichen Anlagen der Menschen beachtet und die natürlichen Forderungen der Menschen erfüllt werden.

6. Der natürlichen Veranlagung des Menschen entspringen folgende Forderungen:
   a) ein genügendes und sicheres materielles Auskommen,
   b) ein geordnetes, ruhiges Familienleben,
   c) ein gewisses Maß von Freiheit und Selbständigkeit, damit er sich seiner individuellen Natur nach entwickeln kann. — Nur seltene heroische Naturen können von diesen Forderungen absehen.

7. Für die heutige Wirtschaft ist überhaupt nicht die Erfüllung der Forderungen der natürlichen Veranlagung des Menschen oberstes und richtunggebendes Gesetz, sondern die Wohlfeilheit des materiellen Produktes; sie sieht von moralischen Rücksichten auf den Nebenmenschen, wenigstens insoweit solche über das starre Recht hinausgehen, ab und führt darum zur Entfaltung aller egoistischen Kräfte, zum An-sich-reißen aller Produktion, zum Immer-größer-werden, zum Großbetrieb, zur Großindustrie und zu Proletarierheeren.

8. Diese zentralistische Produktionsweise mit Großbetrieb, Großindustriestädten, Proletarierheeren kann ihrem Wesen nach jene Forderungen der menschlichen Natur nicht erfüllen, da sie, auf die freie Konkurrenz gestellt, keine Sicherheit im Auskommen gewährt, Ueberreichtum und Pauperismus züchtet, die Familien auseinanderreißt und den Gefahren der Industriestadt überliefert, den Menschen zum Sklaven der Maschine und des Gesamtbetriebs macht und infolge der weitgehenden Arbeitsteilung geistig abstumpft. . . .

11. Also nur die dezentralistische Wirtschaft kann die Forderungen der Menschennatur für die Masse erfüllen.

12. Deshalb muß erstrebt werden die Erhaltung und Erbreiterung der selbständigen Existenzen in Landwirtschaft, Handwerk und Handel, die Wiederverbindung des Arbeiters mit den Produktionsmitteln, Klein- und Mittelbetrieb an Stelle der Großfabrik und des Großhandels.

13. Solange die zentralistische Wirtschaft mit ihren großen Schäden andauert und dort, wo der Dezentralisation natürliche Hindernisse im Wege stehen, muß der Staat die vorkommenden Verstöße gegen die Gerechtigkeit durch Gesetze zu verbieten und durch Gericht zu ahnden suchen und ferner muß der Staat die ungerechten und der Zentralisation Vorschub leistenden Gesetze abschaffen. — Aber nicht darf der Staat Verstöße gegen die Liebe, welche das zentralistische System in Masse mit sich bringt, gesetzlich und zwangsmäßig direkt unterbinden, vielmehr muß er hier der Privatmoral und Privatfürsorge freien Spielraum lassen.

14. Die Durchführung der Dezentralisation ist wesentlich abhängig von dem freien sittlichen Hochstand des menschlichen Willens, der sich vom Egoismus abwendet, gerade so wie die Zentralisation ganz allein das Ergebnis der egoistischen Willensrichtung war, welche sich hierzu der materiellen Hilfsmittel (Maschinen usw.) bediente.

15. Handelt es sich aber um Aenderung des Willens, d. h. um sittliche Erziehung, so kommt bei der Dezentralisation zunächst nicht der Staat, nicht das Gesetz, nicht die Politik in Frage. Ferner kommen nicht in Frage Machtorganisationen oder Zwangsvereinigungen.

16. Die Dezentralisation kann vielmehr allein durchgeführt werden durch Mittel, welche eine sittlich-erzieherische Beeinflussung des Willens auszuüben imstande sind.

17. Die kräftigsten und einzig nachhaltigen Mittel zur sittlichen Erziehung liegen in der praktischen Religion, d. i. Konfession.

18. Es muß also eine konfessionelle, d. h. für uns katholische Beeinflussung des Willens, zumal seitens der hierzu bestellten kirchlichen Lehrer, Priester und Hirten, stattfinden, damit der Egoismus und das Zentralisationsstreben Platz macht der christlichen Nächstenliebe und vernünftiger Selbstliebe und dem Streben nach Dezentralisation mit Erhaltung und Vermehrung der Selbständigkeit.

19. Da die praktische Durchführung der Erhaltung und Vermehrung der selbständigen Existenzen nicht durch die gutwillige Betätigung des einzelnen oder vereinzelter erreicht werden kann, so müssen sich die Gutwilligen, d. h. diejenigen, die sich von der katholischen Beeinflussung leiten lassen, zu einer Gesellschaft zur gegenseitigen Unterstützung zusammentun.

Welche tatsächliche Bedeutung die Bewegung hat, ist schwer zu übersehen. Nach einer Angabe soll die Vereinigung „der göttlichen Liebe", wie sie damals noch hieß, im Jahre 1914 etwa 10 000 Mitglieder gezählt haben. Sicher ist, daß in den Kreisen der nach Selbständigkeit ringenden Gesellen, die sich aus dem Stande der reinen Lohnarbeiter hinauszuentwickeln streben, die Gedankengänge der Bewegung sehr viel Anklang finden. Andererseits gibt es viele Auseinandersetzungen mit der bereits organisierten Mittelstandsbewegung, namentlich mit den Vertretungen des organisierten Handwerks, in den katholischen Gegenden, die der Bewegung vor allem ihre konfessionelle Beschränkung und die Hinwendung an das noch nicht selbständige Gesellentum, aber auch ihr Absehen von der Preiskalkulation der Innungen usw. als schädlich vorhalten. Es ist aber auch nicht zu verkennen, daß in dem Schriftwerk der Vereinigung insbesondere mit der Auslegung von Schriftstellen und von Zitaten aus päpstlichen Rundschreiben usw. oft recht eigenartig verfahren wird, was nicht besagen will, daß es sich hier um bewußte Demagogie handelt. Die Gesellschaft beruft sich darauf, daß sie aus der geistigen Not des erwerbslosen Volkes geboren sei und daß drei Bischöfe Priester auf deren Bitten für die religiös soziale Arbeit in der Gesellschaft frei gegeben haben. In neuerer Zeit greift die Bewegung auch über den engeren Bezirk des Mayener Ständehauses hinaus; sie errichtet Abteilungen in den verschiedensten, vor allem natürlich überwiegend katholischen Bezirken des Landes. Den bereits bestehenden Standesorganisationen mit interkonfessioneller Zusammensetzung schlägt man Kartellvereinigungen vor.

4. Ausblick.

Ueber die zukünftigen Aussichten des „alten" Mittelstandes zu reden in einer Zeit, in der das Ungewöhnliche nahezu zur Regel wird und unter Verhältnissen, wo alles schwankt und jeder Tag mit unheimlichen Schlägen neue Klüfte in das Gesellschafts- und Wirtschaftsgefüge reißt, ist mehr als gewagt. Man ist notgedrungen auf die Aufzeigung einiger Tendenzen und auf die Schlußfolgerung aus einigen wenigen, dazu keineswegs feststehenden, Prämissen beschränkt. Das möge bei den nachfolgenden Ausführungen berücksichtigt werden.

Alles, was zum „alten" Mittelstand gerechnet werden kann oder sich selber dazu zählt, hatte vor dem Kriege eine Zeit der äußeren und inneren Kräftigung durchlebt. Je mehr die Mittelstandspolitik Sache der eigenen, vor allem organisierten, Betätigung geworden war, um so mehr konnte sich die öffentliche Politik darauf beschränken, für diese Betätigung einen „wohlwollenden" gesetzlichen Rahmen zu schaffen. Jedenfalls stand die Politik als Ganzes allem mittelständischen Wesen ausgesprochen freundlich und fördernd gegenüber. Der Satz von der kulturellen Bedeutung und Unentbehrlichkeit des Mittelstandes war fast zu einer stereotypen Phrase geworden, deren Begründung, wenn man sie heute bei Licht besieht, wirklich nicht durch ein Uebermaß von Geist und Witz erdrückend wirkt. Indes schadete der letztere Umstand insofern und so lange nicht, als wenigstens von einzelnen Zweigen des Mittelstandes eine allmählich kräftiger werdende Selbstrechtfertigung durch eigene Tat ausging. Soweit das H a n d w e r k in Betracht kommt, ist damit eine Entwicklung eingeleitet worden, die den Krieg überdauert und noch in neuester Zeit — sagen wir auch hier: teilweise — neue, vielversprechende Knospen getrieben hat. Vom Handwerk kann man daher wohl mit größerem Recht voraussagen, daß es, wenn es ihm auch fernerhin an eigener Initiative nicht gebricht, für die Zukunft wirksam vorgebaut hat. Möglich sogar, daß sich dem syndizierten und vertrusteten Großbetrieb der Klein- und Mittelbetrieb in der nächsten Zeitspanne überhaupt wieder ausgesprochener als charakteristischer Träger des Gewerbelebens an die Seite stellt: Der leichtere Zugang zu manchen technischen Errungenschaften, die für Aufbau, Einrichtung und Durchführung des Betriebes von grundlegender Bedeutung sind, namentlich durch die Dezentralisation der Kraftzuführung, käme einer solchen Entwickelung zu Hilfe. Dem Handwerk fällt somit voraussichtlich bei dem Neuaufbau eine wichtige Rolle zu, eine Rolle, deren es sich in dem Maße besser wird entledigen können, als es mit der Arbeiterschaft, die sich in den „handwerksmäßigen" Berufen noch am meisten von den Ueberspannungen der Arbeiterbewegung frei ge-

halten hat, in ein vernünftiges Verhältnis kommt. Auf dieser Grundlage lassen
sich am ersten die Anforderungen an eine größere Rationalisierung des Betriebs-
ganges mit jenen, die der Ruf nach Qualitätsarbeit umfaßt, vereinbaren und einem
allmählichen Wiederaufstieg dienstbar machen. Freilich ist es nicht unwahr-
scheinlich, daß in die Reihen des Spezialistentums, wie man es vor allem in Süddeutschland antrifft, unter dem Druck der Verhältnisse erhebliche Lücken gerissen
werden. Ohne eine gewisse Konzentration dürfte das Handwerk schwerlich die
Kraft finden, sich dauernd der neuen Lage gegenüber durchzusetzen.

Scheint somit eine gewisse Berechtigung gegeben zu sein, die Zukunft des
Handwerks nicht allzu düster anzusehen, so fehlt diese Berechtigung für den
anderen großen Zweig des Mittelstandes nahezu ganz. Der K l e i n - u n d E i n-
z e l h a n d e l ist in Notzeiten den Zugriffen einer, gegen die Not anlaufenden
Volksmenge am nächsten. Man kommt immer wieder miteinander in Berührung
und Vergleiche liegen nahe. Es ist gar kein Werturteil der in der Nationalökonomie
verpönten Art, wenn festgestellt wird, daß sich die Schicht der Kleinhändler bei
den Massen unbeliebt gemacht hat. Was Wunder, daß das Ventil unter dem
Druck der Volkserregung leicht gegen den Kleinhändler losgeht! Der sich so be-
hende auf Dollarkurs und Goldmarkrechnung einstellende Kleinhändler ist dem
Volk zu schlau geworden. Es ist daher mit ziemlicher Sicherheit darauf zu rechnen,
daß die Losung zur Ausschaltung der vielen Zwischenglieder auf dem Wege zwischen
Produzenten und Konsumenten, die seither erheblich an Volkstümlichkeit gewonnen
hat, sich vor allem an Klein- und Einzelhandel erproben wird. Demgegenüber läßt
sich eine staatliche und gemeindliche Schutzpolitik zugunsten des Klein- und
Einzelhandels schwerlich durchführen. Andererseits schreitet der unmittelbare
Großeinkauf durch Organisationen und ad hoc gebildete Verbindungen immer
weiter fort. Daneben gewinnen die Konsumvereine ganz erheblich an Boden.
Aller Voraussicht nach wird ihnen die Politik der öffentlichen Körperschaften auch
fernerhin in zunehmendem Maße Zugeständnisse machen müssen. Aber auch die
rasche Ausbreitung der Groß-Filialbetriebe wie die Einführung von „Einheits-
preis-Geschäften" nach amerikanischem Muster bedrängen den Kleinhandel mehr
und mehr. Daß eine Konsumfinanzierung (Finanzierung des Konsums des letzten
Kleinkäufers durch ein organisiertes Kreditsystem), wenn sie zustande kommt,
den eigentlichen Kleinhandel überaus empfindlich treffen kann, bedarf keiner
ausdrücklichen Betonung. Die glänzenden Ladenlokalitäten des Kleinhandels
setzen nicht nur eine gewisse Wohlhäbigkeit, sondern auch eine bestimmte psy-
chische Einstellung der Menschen, die von dem Gefühl des Fortschritts der allgemeinen Lebensbedingungen genährt wird, voraus, und beides fehlt uns sicher
auf lange Zeit. Darum wirken sie auf viele eher abstoßend als anziehend. Mittelstandspolitik zugunsten des Kleinhandels findet somit in absehbarer Zukunft kaum
einen tragfähigen Boden.

Die Schwierigkeiten anderer Zweige mit — jetziger oder früherer — Mittel-
standseinstellung, wie der f r e i e n B e r u f e , brauchen nur angedeutet zu werden,
um eine geradezu pessimistische Prognose für sie zu begründen. Schließt man von
den Aussichten aus, die sich für die meisten Angehörigen dieser Schichten in der
jetzigen Zeit bieten, so erscheint es sogar schon sehr sanguinisch, auf dieselben
mit Alfred W e b e r (Eisenacher Verhandlungen des Vereins für Sozialpolitik,
S. 181) als auf die „arbeitsintellektuelle Unterlagenschicht für die künftige Ein-
gliederung der geistigen Arbeit, aus der das gesellschaftlich nicht Abschätzbare
geistig Produktive herauszuwachsen hat", zu hoffen. Sie werden zumeist ihr
Brot sauer genug zu verdienen haben. Die Notlage eines großen Teiles der Institutionen unserer Sozialpolitik im weitesten Sinne hat allein schon die Existenzgrundlage von sehr vielen außerordentlich geschmälert. Mittelstandspolitik
irgendwelcher Art zugunsten der freien Berufe würde, so oder so, immer
öffentliche finanzielle Opfer erfordern. Diese Quelle droht zu versiegen. Kommt

es, wie in absehbarer Zeit wohl zu erwarten ist, zu einem Umbau der Sozialpolitik in der Form, daß die hauptsächlichsten Zweige derselben eine b e r u f s-
s t ä n d i s c h e Grundlage und Gliederung erhalten, wird ferner auch die Selbstverwaltung in größerem Umfange auf eine solche Grundlage gestellt, so werden
sich von da aus nach einer Zeit des Uebergangs wohl etwas tröstlichere Aus-
blicke ergeben. Sehr viel wird indes davon abhängen, ob man sich in den beteiligten Kreisen selber über die noch verbleibenden Möglichkeiten klar ist und sich
denselben rationell anzupassen versteht. Dazu wird es auf alle Fälle noch einer
weitgehenden Disziplinierung bedürfen, die resolut die Schlußfolgerung zieht, daß
von einem „Recht auf Arbeit" angesichts einer aus dem Gleichgewicht geworfenen
Wirtschaft am allerwenigsten die Rede sein kann.

Das Gefühl, in Hinsicht auf die Gestaltung der öffentlichen Mittelstandspolitik
ziemlich verlassen zu sein, hat große Teile all der Schichten, die sich zum „alten"
Mittelstand zählen, insofern zusammengeführt, als sie zu der politischen Konstellation
der Zeit nach dem Kriege in Opposition stehen. In vielem sehen dieselben sich
als eine Stütze der alten Gesellschaftsordnung gegen das „Neue" an. Daran knüpft
sich nicht selten die Hoffnung, daß eine Aenderung der politischen Konstellation
gerade dem Mittelstande in besonderem Maße zugute kommen würde. Diese Hoffnung hat in den Tatsachen und Möglichkeiten unserer Zukunft keine Begründung.
Auch eine im Prinzip noch so mittelstandsfreundliche Regierungskonstellation
muß mit diesen Tatsachen und Möglichkeiten rechnen. Sie könnte zwar program-
matisch manches in Aussicht stellen, würde sich aber bald schon an der harten
Wirklichkeit zerreiben.

Die Entwickelung dürfte ganz im allgemeinen dahin gehen, daß immer weitere
Positionen des „alten" Mittelstandes durch den „neuen" Mittelstand eingenom-
men werden. Vielfach, und namentlich von den gefährdeten Gruppen des „alten"
Mittelstandes selber, wird das als ein Verhängnis für die Kulturgestaltung hin-
gestellt. Daraus spricht die natürliche Abneigung desjenigen, der „im Besitz"
ist, gegenüber dem Emporkömmling, so daß also das Urteil von dieser Seite aus
gewiß nicht als unbedingt maßgebend anzusehen ist. Dennoch ist es sicher, daß
der „neue" Mittelstand, zunächst rein äußerlich genommen, im Vergleich zu dem
alten stark abfällt, und zwar namentlich dadurch, daß ihm die Selbständigkeit
im alten Sinne abgeht, damit aber zugleich die Basis, die für die Persönlichkeits-
entfaltung, den Mittelpunkt aller Kulturgestaltung, die günstigsten Chancen
bietet. Was die neuere Entwickelung einstweilen an Möglichkeiten zur Selbständigkeit für den Angehörigen des „neuen" Mittelstandes bietet, ist nicht viel, und
keine Mittelstandspolitik vermag das zu ändern. Allein die Möglichkeiten brauchen
nicht mit dem erschöpft zu sein, was wir einstweilen handgreiflich vor uns sehen,
und gerade das geistige Ringen dieser Zeit mit den Problemen der Wirtschaft und
der Arbeit mag ein Ergebnis zeitigen, das neue Arten der Selbständigkeit auftut
und somit auch der Entfaltung der Persönlichkeit in dieser oder jener Form wieder
zugute kommt. Und darüber hinaus braucht es, trotz allem, nicht unbedingt ausgeschlossen zu sein, daß aus dem Dunkel dieser Tage eine neue Kulturauffassung
ans Licht strebt, eine Auffassung, deren Wertungen auf die Dauer auch die soziale
Schichtung beeinflussen.

D i e Anschauung muß jedenfalls zurückgewiesen werden, die im letzten
Grunde darauf hinausläuft, daß jede Lagenveränderung, die dem „alten" Mittelstand Abbruch tut, schlechthin als der Anfang vom Ende anzusprechen sei.
Schon der Blick auf die Antike und ihre Kultur sollte vor solch massivem Urteil behüten. Zudem wäre es vermessen, angesichts des „kapitalistischen
Geistes", der Sucht zu schrankenlosem Erwerb, die a l l e Kreise ohne Ausnahme
erfaßt hat, heute noch den Typ des mittelständischen Menschen als den Menschen
des bewußten, sagen wir: tugendhaften, Maßhaltens „in der Mitte" zwischen den
Extremen hinstellen und mit diesem Hinweis seine kulturelle Unentbehrlichkeit

dartun zu wollen: das käme einem, nicht mal schönen, Selbstbetrug gleich. Ganz allgemein ist zu sagen: Man kann dem Relativismus noch so fern stehen und kann dennoch eine Verabsolutierung der Mittelstandsauffassung der bisherigen Art ablehnen. Was sich selber vom „alten" Mittelstand bewährt, indem es vor allem den Zeitforderungen gerecht wird, das wird seine eigene Zukunft zimmern, auch wenn die öffentliche Mittelstandspolitik unter dem Druck der Not die Zügel am Boden schleifen läßt: es wird sich eben erinnern, daß es dann erst recht auf die eigene schöpferische Betätigung ankommt, die schließlich die wirksamste Mittelstandspolitik ist. Die Zeit, der die Wirtschaftsstände mehr denn je ein hartes Gepräge aufdrücken, sollte eben recht geeignet sein, nicht die eigenen Kräfte durch hypnotisches Zurückstarren auf die vergangene „gute alte Zeit" zu schwächen, sondern das Geschick selber beherzt und entschlossen in die Hand zu nehmen. Hier, bei dem eigenen Willen zu entschlossener Selbsthilfe, ist der sicherste Ansatzpunkt für alle Mittelstandspolitik der nächsten Zukunft.

www.ingramcontent.com/pod-product-compliance
Lightning Source LLC
Chambersburg PA
CBHW030124240326
41458CB00121B/413